أزواج وآباء

ديريك برنس

أزواج وآباء

Originally published in English under the title
Husbands and Fathers
Rediscover the Creator's
Purpose for Men
ISBN 0-8007-9274-2

Copyright © 1973, 2002 Derek Prince Ministries–International.
All rights reserved.

المــــؤلــــــف: ديريك برنس

النـــــا شـــــــر: المؤسسة الدولية للخدمات الاعلامية **ت:** ٩٨٨٩ ٨٥٥ ١٠٠ ٢٠+

المطبعـــــــــة: مطبعة سان مارك **ت:** ٢٣٤١٨٨٦١ ٢٠٢+

التجهيـز الفنـــي: جي سي سنتر **ت:** ٢٦٣٧٣٧٦٧ ٢٠٢+

الموقع الالكتروني: www.dpmarabic.com

البريـد الالكترونـي: sales@dpmarabic.com

رقــــم الايــــداع: ٢٠١٣/٣٣٢٧

التـرقيـم الـدولـــي: 978-1-78263-099-9

جميع حقوق الطبع في النسخة العربية محفوظة © المؤسسة الدولية للخدمات الإعلامية
ولا يجوز استخدام أو اقتباس أي جزء أو رسومات توضيحية من الواردة في هذا الكتاب
بأي شكل من الأشكال إلا بإذن مسبق

Derek Prince Ministries–International
PO Box 19501
Charlotte, North Carolina 28219
USA
Translation is published by permission

Copyright © 2013 Derek Prince Ministries–International

www.derekprince.com

DPM

الفهرس

الجزء الأول	شخصي	٥
الفصل الأول	كيف أصبحت أباً	٧
الجزء الثاني	الأزواج	١٧
الفصل الثاني	الزواج عهد	١٩
الفصل الثالث	دور الزوج	٣٣
الفصل الرابع	دور الزوجة	٤٥
الفصل الخامس	العنصر المفقود	٥٥
الفصل السادس	السلطان الروحي للزواج المتجانس	٦٧
الفصل السابع	إعلان الله الأساسي	٧٧
الفصل الثامن	الأب ككاهن	٩٣
الفصل التاسع	الأب كنبي	١٠٧
الفصل العاشر	الأب كملك	١٢٣

الفصل الحادي عشر	صورة أبوين	١٣٥
الفصل الثاني عشر	عندما يفشل الآباء	١٤١
الفصل الثالث عشر	ربما فشلت؟	١٥٧
الفصل الرابع عشر	لكن يمكنك أن تنجح	١٧١
الفصل الخامس عشر	الأبوة الروحية	١٨١
الفصل السادس عشر	أين الآباء الروحيون؟	١٩٩
الفصل السابع عشر	كلمة للأيتام	٢١١

الجزء الأول

شخصي

كيف أصبحت أباً

الفصل الأول

كيف أصبحت أباً

عندما أعود بذاكرتي إلى مرحلة طفولتي وبدايات حياتي يعتريني شعور بالدهشة تجاه قيامي الآن بتأليف هذا الكتاب، لأنني عشت كأبٍ لفترة قصيرة للغاية لا تؤهلني للقيام بمثل هذه المهمة!

ولدت في عائلة عسكرية بريطانية، بلا إخوة أو أخوات، وكان كل أقربائي الذكور الذين عرفتهم مجندين في الجيش البريطاني. عندما بلغت التاسعة، أرسلوني إلى المدرسة الإعدادية مرتدياً حلة من الصوف وقبعة سوداء مستديرة، ومن هناك ذهبت مباشرة إلى إيتون ومنها إلى كامبريدج، فقضيت خمس عشرة سنة أتعلّم في مدارس داخلية ولم أقض أكثر من ثلاثة شهور في السنة بالمنزل. وبعد مضي خمس سنوات من التحاقي بكامبريدج كتبت بحثاً بعنوان «تطور أسلوب أفلاطون» ووقع عليّ الاختيار للحصول على منحة في كلية كينج.

لم أتتلمذ على يد معلمة طوال فترات الدارسة، وكان لي بعض

الصديقات في كامبريدج ولكن ظلت الطبيعة الشخصية للأنثى غامضة بالنسبة لي، بل يمكنني أن أقول إنها لغز لم أهتم كثيراً بحله.

تسببت الحرب العالمية الثانية في ضياع مستقبلي المهني الذي اتسم بأنه مبشر وواعد في جو رائع في إحدى الجامعات العريقة. وعندما حان موعد استدعائي للجيش اخترت دوراً غير قتالي في الكتيبة الطبية للجيش الملكي البريطاني، وقررت أثناء خدمتي في الجيش استكمال مهمتي الأكاديمية بدراسة الكتاب المقدس الذي تعاملت معه على أنه عمل فلسفي بحت، وواجهت صعوبة في فهم أجزاء كبيرة من الكتاب المقدس، إلا أنني صممت على قراءته بالكامل من سفر التكوين وحتى سفر الرؤيا، حتى يمكنني التوصل إلى حكم نهائي على هذا الكتاب.

وبعد ما يقرب من تسعة أشهر وفي فقرةٍ ما في سفر أيوب تقابلت مع كاتب الكتاب المقدس مقابلة على غير موعد، إذ أظهر لي نفسه من خلال شخص يسوع المسيح، وقد غيرت تلك المقابلة كل حياتي تغييراً جذرياً للأبد. على أية حال أتذكر أن أفلاطون نفسه اعترف قائلاً: «ليس لدينا كلمة من الله» ذلك على الرغم من أن الكتاب المقدس هو ببساطة كلمة الله. وكلما درست الكتاب المقدس وطبقته في حياتي اليومية، كلما اقتنعت أن هذا الإعلان الخاص هو كلمة الله الحقيقية. إذ إنه فعلياً هو إعلان الله عن نفسه للبشر.

وبعد مضي فترة قصيرة أرسلني الجيش إلى الشرق الأوسط، وبعد ما قضيت ثلاث سنوات في صحراء مصر وليبيا والسودان، توجهت إلى أورشليم، وهناك تقابلت مع مُدَرِّسة دانماركية تدعى ليديا كريستنسن، كانت ليديا تستمتع بعملها الناجح كمدرسة في إحدى المدارس في الدانيمارك عندما وجهها الله لكي تترك كل شئ وراءها وتذهب إلى أورشليم، وهناك فتحت بيتاً لليتامى.

عندما تزوجت ليديا، جلبت معها ثماني بنات يتيمات حيث تبنتهُنَّ كأم وتحَمَّلْتُ أنا منذ ذلك الوقت فصاعداً مسئولية الأبوة، كان من بين هؤلاء البنات الثماني ست بنات يهوديات وواحدة عربية وأخرى انجليزية، وكانت أعمارهن تتراوح ما بين ثلاث سنوات وحتى ثمانية عشر عاماً.

وجدت نفسي فجأة الرجل الوحيد المسئول عن عشرة أفراد من الجنس اللطيف وَهُنّ ليديا وبناتها الثماني وخادمة عربية تدعى جميلة هذا مع الأخذ في الاعتبار الخلفية التي نشأت عليها كصبي دون إخوة أو أخوات. وكان علينا إجراء الكثير من التعديلات في علاقاتنا الجديدة، وكانت هناك أوقات شعرت فيها بأنّي أتحمل مسئولية كبيرة. وبدون

شك لابد وأن ليديا أيضاً تساءلت كثيراً إن كانت قد اتخذت القرار السليم بزواجها مِنّي، ولكنْ بطريقة ما كانت محبة الله ونعمته تحملنا لنعبر تلك المراحل.

واجهت أنا وليديا الكثير من الضغوط الخارجية بالإضافة إلى تلك التعديلات التي كان علينا إدخالها على علاقتنا. وفي أول عامين من الزواج وجدنا أنفسنا متورطين في المشكلة التي أدت إلى ظهور دولة إسرائيل، وهربنا مرتين من منزلنا في منتصف الليل أثناء تلك المرحلة لكي ننقذ حياتنا، ولم نستطع في المرتين أن نرجع لنفس المنزل الذي هربنا منه.

انفصل عنا الأربع بنات الكبار في مرحلة ما من الحياة ولكن الله استمر في عمله معنا وجمعنا مرة أخرى في انجلترا كأسرة واحدة.

قضيت وليديا خمس سنوات في كينيا بعدما كبرت البنات جميعاً ولم يتبق لنا سوى بنتين، حيث عملت كمدير لمعهد تدريبي للمدرسين الأفارقة، وأثناء تلك الفترة تبنينا بنتاً أفريقية تبلغ من العمر تسعة شهور فقط، حيث توفيت أمها أثناء الولادة ووُجدت البنت وحيدة ملقاةً على الأرض في كوخ طيني بسيط.

بعد ثلاث سنوات انتقلت ليديا لتكون إلى جوار الرب وارتبطت بزوجتي الثانية روث، ودام زواجنا لمدة عشرين عاماً حتى انتقلت روث أيضاً إلى منزلها السماوي. أضافت روث ثلاثة أطفال آخرين جميعهم من اليهود، ولهذا فقد أصبحت الآن أباً لاثني عشر شخصاً بالتمام!

ساهمت شخصية روث الدافئة في دخولها سريعاً في علاقة مع باقي أفراد عائلتي، وكانت تملك مهارات إدارية ومهارات في المراجعة مما أثرى خدمتي كمعلم للكتاب المقدس، وتوسَّعَت خدمتي كثيراً أثناء فترة زواجنا التي دامت عشرين عاماً بطريقة لم أحلم بها من قبل، فوصل التعليم الذي أقدمه للكتاب المقدس إلى كل الدول من خلال الكتب المطبوعة وشرائط الكاسيت والفيديو وبرامج الإذاعة والتليفزيون. أخبرني العاملين معي في المكتب أننا الآن نرسل خطابات تحوي مطبوعاتنا إلى كل دولة تصل لها خدمات بريد الولايات المتحدة الأمريكية وقد تُرجمت أجزاء كبيرة من مؤلفاتي إلى ستين لغة أجنبية.

ظَلَّت أسرتنا في تزايد بمعدل يصعب ملاحقته، فقد أصبح عدد أفراد العائلة ١٥٠ فرداً تقريباً هذا إذ أضفنا إليها الزيجات الجديدة والأطفال الذين هم ثَمَر هذه الزيجات. وهناك الآن أفراد من عائلتنا

يعيشون في العديد من الدول بما في ذلك إسرائيل، وبريطانيا وكندا والولايات المتحدة وأستراليا، ولم يعد ممكناً مع تنامي امتداد هذه العائلة الكبيرة في شتّى بقاع المعمورة أن نظل على اتصال قريب ووثيق بكل فَرْدٍ منها بالطريقة التي نريدها، ومع ذلك فلا زلنا نشعر أننا جميعاً عائلة واحدة.

لم أكن أبداً زوجاً أو أبا كاملاً ولكن حياتي العائلية في مجملها اتَّسَمَت بالسعادة والنجاح وهو الأمر الذي أشكر الله لأجله كثيراً، وخلال تلك الفترة تعلمت العديد من الدروس التي أعتقد أن الله يريدني أن أشارك بها في هذا الكتاب.

ولكني أسترجع هذه الفترة من خدمتي عندما كدت أفقد خطة الله لزواجي وعائلتي، ففي الوقت الذي كنت أسافر فيه باستمرار من اجتماع لآخر ومن مؤتمر لآخر أكرز لجموع كثيرة، وأجد استجابات رائعة من الناس، حدث في إحدى الأمسيات أثناء مؤتمر ما أن سمعت شخصاً آخر يتحدث ويقول تلك العبارة: «الخبير هو ذلك الشخص الذي يحمل حقيبة ويبتعد عن منزله».

واخترقت تلك الكلمات قلبي كسهم.

ففكرت في نفسي قائلاً: إن هذا الرجل يصفني، فأنا رجل بعيدٌ عن منزله يحمل حقيبة، ويراني الجميع كخبير، ولكن ماذا يحدث في منزلي؟

وضع الله أمامي تحدياً جديداً تماماً بالنسبة لي إذ ينبغي عليّ أن أكون ناجحاً كزوجٍ وكأبٍ أولاً وقبل أي شيءٍ أو مجالٍ آخر في حياتي.

لهذا حللّت دوافعي، لماذا أقضي أغلب الوقت في السفر؟ لماذا يجذبني الظهور في كل تلك الاجتماعات؟ وبالتدريج أدركت أن هناك طموحاً شخصياً قوياً يدفعني لهذا، فقد استمتعت بالوقوف على المنبر أمام جمهور غفير، وشعرت بالدفء والشبع من وصف الناس لي بأني متحدث «ممسوح».

عندما استرجع السنوات التي قضيتها في الخدمة العامة أدرك اهتمامي بسمعتي كواعظ طَغَى على اهتمامي باحتياجات ليديا الشخصية والعاطفية، وفي بعض الأحيان كنت مهتماً أكثر بنجاحي كخادم على حساب رفاهية عائلتي.

بنعمة الله لم تنشأ أية مشكلة حقيقية في منزلي، في الواقع كانت عائلتي مُخْلِصَة لي أكثر مما استحق، واليوم أشكر الله باستمرار

على جميع أفراد عائلتي، فقد رأيت تدريجياً أَنَّ الطموح الشخصي على حساب الحياة العائلية يمثل مشكلة حقيقية في حياة الكثير من الرجال، فيعتبر البعض ناجحين ومع ذلك فإن اهتمامهم المتمركز حول أنفسهم يحرمهم من العلاقة الدافئة والمنفتحة مع أسرهم التي هى جوهر العلاقات الناجحة في المنزل.

ربما لا يكون هناك مشكلة ظاهرة أو مخاوف من انهيار الزواج، ومع ذلك فإن المنزل لا يقدم أي شعور بالأمان أو الشبع الذي يحتاجه أفراد العائلة، ففي كثير من الحالات يكون لدى الأب العديد من الالتزامات خارج منزله إلى الدرجة التي لا يشعر معها أنه فاشل في عائلته.

توصلت إلى أن الكثير من الرجال في حضارتنا المعاصرة عليهم أن يواجهوا هذا الأمر، فربما هم ناجحون في مجالات عديدة كرؤساء بنوك أو أطباء أو محامين أو متخصصين في الكمبيوتر أو في لعبة الجولف، وربما أيضاً هم ناجحون في خدمتهم المسيحية، ومع ذلك فهم فاشلون في منازلهم.

أود أن ألفت انتباهك إلى أنه عندما تنجح في الكثير من الأمور والمجالات وتفشل كزوج أو كأب فهذا في نظر الله فشل، فلا يمكن لأي نجاح أن يعوض فشلك كأب وزوج.

ذكرت كثيراً أن المشكلة الأولى في مجتمعنا اليوم هى الذكور المقصرون، أي الرجال الذين فشلوا في مهمتهم الأساسية ألا وهى كآباء وأزواج.

يمكنك أن تقرأ الكثير من الكتب عن العائلة ولكن لا يمكنك أن تحقق نجاحاً عائلياً فعلاً إلا عندما تفهم هذين الدورين الأساسين: دورك كأب ودورك كزوج، فهما الأساس اللازم الذي يُبنى عليه البيت السعيد.

يوضح لك هذا الكتاب بطريقة عملية وبسيطة ما تحتاجه لكي تكون زوجاً ناجحاً وأباً ناجحاً، ومن هنا يمكنك أن تنطلق لكي تحقق نجاحاً فعلياً في أيٍّ من المجالات الأخرى المختلفة، ولكن فوق كل شئ ستكون بركة للمقربين لك أي زوجتك وأولادك.

الجزء الثاني
الأزواج

الفصل الثاني

الزواج عهد

سأبدأ بالحديث عن الزواج لأنّ من خلاله فقط يصبح الرجل زوجاً وهذا يُعَدُّ تمهيداً لما سأطرحه من أفكارٍ بخصوص الأزواج.

إنّ أهم ثلاث علاقات دائمة يمكن للبشر الدخول فيها هي:

١ـ علاقة المؤمن مع الله

٢ـ العلاقة بين الزوجين

٣ـ علاقة المؤمنين بعضهم البعض

وبالتالي فإن الأطفال الذين هم ثمر العهد بين الرجل وزوجته يدخلون هم أيضاً ضمن نطاق العهد القائم بين الله وآبائهم.

إن الأساس الذي تُبنى عليه كلٌ من هذه العلاقات هو العهد، الذي يعتبر الشكل الملزم الوحيد الذي يقدمه الكتاب المقدس في مجال العلاقات، فلا يمكن بناء أي علاقة يُرَادُ لها أن تدوم دون الدخول في عهد. هذا ما توضحه مبادئ الكتاب المقدس.

هناك موضعان أساسيان في الكتاب المقدس يوضحان أن الزواج عهد، الأول نجده في تلك الحكمة:

«لإِنْقَاذِكَ مِنَ الْمَرْأَةِ الأَجْنَبِيَّةِ، مِنَ الْغَرِيبَةِ الْمُتَمَلِّقَةِ بِكَلاَمِهَا، التَّارِكَةِ أَلِيفَ صِبَاهَا، وَالنَّاسِيَةِ عَهْدَ إِلهِهَا»

(أمثال ٢ : ١٦ - ١٧).

يخبرنا هذا المقطع من الكتاب المقدس أن المرأة غير الأمينة تجاه زوجها تنسى العهد الذي قطعته مع هذا الرجل أمام الله أو تكسره، إذاً فالزواجُ عهدٌ بين رجل وامرأة يتعهدان به أمام الله.

الموضع الثاني نجده في سفر ملاخي ويشير فيه الله إلى قدسيّة عهد الزواج، اشتكى بنو إسرائيل قائلين: «أننا نصلي كل حين، ونذهب إلى الهيكل باستمرار، لكن لماذا لا تجيب صلواتنا يا الله؟» فأجاب الله:

«فَقُلْتُمْ: «لِمَاذَا؟» مِنْ أَجْلِ أَنَّ الرَّبَّ هُوَ الشَّاهِدُ بَيْنَكَ وَبَيْنَ امْرَأَةِ شَبَابِكَ الَّتِي أَنْتَ غَدَرْتَ بِهَا، وَهِيَ قَرِينَتُكَ وَامْرَأَةُ عَهْدِكَ»

(ملاخي ٢ : ١٤).

الزواج عهد

يتحدث الله في هذا المقطع للأزواج الذين يغدرون بزوجاتهم أو بلغة معاصرة يَغِشُّون زوجاتهم، فيقول الله «لا يهم عدد المرات التي تصليها أو مقدار الوقت الذي تقضيه في الكنيسة، فلو لم تكن أميناً في وفائك بعهدك تجاه زوجتك، فلن أسمع صلاتك». ويطلق الله على مثل هؤلاء الرجال ناقضي العهد.

إن عدم الأمانة بالنسبة لكل من الرجال والنساء في الالتزام بالزواج هو نقض للعهد. وهذا هو السبب وراء اعتبار خطية الزنا أكثر خطورة مقارنة بالفسق، فالفسق هو ممارسة غير أخلاقية بين شخصين غير متزوجين وهو خطية ولكن لا ينطوي على نقض للعهد؛ أما الزنا فهو أمر غير أخلاقي ينقض العهد، وهذا ما يجعله خطية خطيرة للغاية.

سر العهد

العهد هو أحد أسرار الله، فلا يمكن لأحد أن يفهم المعنى المقصود للعهد في الكتاب المقدس إلا بإعلان من الله، فالله فقط هو الذي يمكّننا من فهم معنى وطبيعة العهد من خلال الآيات الكتابية، يقول كاتب المزامير:

«سِرُّ الرَّبِّ لِخَائِفِيهِ، وَعَهْدُهُ لِتَعْلِيمِهِمْ» (مزمور ٢٥: ١٤).

لهذا فإن العهد هو أحد أسرار الله التي يكشفها لهؤلاء الذين يخافونه فقط، فمن يخافون الله هم من يفهمون العهد ويدخلون فيه.

في (أفسس ٥ : ٢٢ - ٢٣) يقول بولس أن علاقة الزواج بين الرجل وزوجته هو رمز أو صورة للعلاقة بين المسيح والكنيسة، ثم يضيف «**هذَا السِّرُّ عَظِيمٌ**» (آية ٣٢)، فيجب أن نفهم المعنى الخاص لكلمة سر كما يستخدمها بولس هنا في هذا الجزء.

في هذا الوقت كان يوجد ما يطلق عليه «ديانات غامضة»، إذ تقدم تلك الديانات أسراراً خاصة لمعتنقيها بعد مُضِي فترة زمنية تكفي للتأكد من صدق إيمانهم، فإن لم تبدأ لا يمكنك أن تعرف أسرار هذه الديانات. وعندما يصف بولس الزواج بأنه «سر» يفترض أننا لن نفهم طبيعته الحقيقة إلا إذا دخلنا في علاقة الزواج. تحدث هذه العملية في حفل الزواج عندما يدخل الرجل والمرأة في عهد مع الله ومع بعضهما البعض، وعندما يرغبان في الالتزام بالعهد؛ يكتشفان الطبيعة الحقيقية للزواج، فالأزواج الذين لا يرغبون في إتمام هذا الشرط يختبرون الجوانب الملموسة والقانونية من الزواج ولكن تظل طبيعته الحقيقية مجهولة بالنسبة لهم، فما زالت غامضة، أي «سر».

يجب أن نتذكر أيضاً أن الزواج ليس مجرد عقد اجتماعي على المستوى الإنساني، فالزواج في الأصل والأساس مبدأ كتابي، ويجب أولاً أن نفهم ما يعنيه الكتاب المقدس بكلمة «عهد» لكي نكتشف سر الزواج، وأرى أن دراسة مختصرة للمبادئ التي تطبق على كل العهود الموجودة في الكتاب المقدس ستكون مفيدةً لنا.

مبادئ العهد

سنلقي نظرة على إعلان الله للعهد في أجزاء متتابعة من الكتاب المقدس من سفر المزامير، ورسالة العبرانيين، وسفر التكوين.

يكشف هذا الجزء من سفر المزامير طبيعة الناس الذين يدخل الله في عهد معهم: «**يَدْعُو السَّمَاوَاتِ مِنْ فَوْقُ، وَالأَرْضَ إِلَى مُدَايَنَةِ شَعْبِهِ: «اجْمَعُوا إِلَيَّ أَتْقِيَائِي، الْقَاطِعِينَ عَهْدِي عَلَى ذَبِيحَةٍ**». (مزمور ٥٠: ٤ ـ ٥).

من هم أتقياء الله وقديسوه؟ يقول الكتاب المقدس أنهم أولئك الذي يدخلون في عهد معه على أساس الذبيحة. فلابد وأن يقوم كل عهد على ذبيحة.

ونجده في عبرانيين يستخدم تعبير «أقطع عهداً» بدلاً من «أدخل

في عهد» (انظر عبرانيين ٨ : ٨ ـ ١٠) «حسب الترجمة العربية المبسطة»، وتلك الكلمة المجازية تظهر أن هناك سكيناً حاداً وسفك دم، وهى تذكرنا مرة أخرى أن العهد يتطلب ذبيحة، وأن الذبيحة تتطلب سفك دم أي حياة تنتهى.

في (عبرانيين ٩ : ١٦ ـ ١٧) يقول لنا الكتاب أن الوصية لا تسري إلا عندما يموت الشخص، ولكن الكلمة اليونانية المترجمة هنا إلى «وصية» هى كلمة «**diatheke**»، وهى الكلمة اليونانية التي عادة ما تستخدم بمعنى «عَهْد»، وعندما تترجم بهذه الطريقة نجد أن هذه الآيات تخبرنا بحقيقة ذات أهمية عظمى فيما يتعلق بمفهوم العهد:

«**لأَنَّهُ حَيْثُ تُوجَدُ وَصِيَّةٌ (عهد)، يَلْزَمُ بَيَانُ مَوْتِ الْمُوصِي. لأَنَّ الْوَصِيَّةَ (العهد) ثَابِتَةٌ عَلَى الْمَوْتى، إِذْ لاَ قُوَّةَ لَهَا الْبَتَّةَ مَا دَامَ الْمُوصِي حَيًّا**»

عندما تدخل في عهد فأنت فعلياً توقع على وثيقة وفاتك!، وهذه هى أقوى صور التكريس.

نرى فاعلية علاقة العهد في حياة إبراهيم، فقد كان لإبراهيم علاقة رائعة وشخصية مع الرب، وفي إحدى الليالي أعلن الله

لإبراهيم أنه سيعطيه أرض كنعنان ميراثاً له، وسأله إبراهيم: «**أَيُّهَا السَّيِّدُ الرَّبُّ، بِمَاذَا أَعْلَمُ أَنِّي أَرِثُهَا؟**» (تكوين ١٥ : ٨)، فأجاب الله إبراهيم بأن قطع معه عهداً.

بمعنى آخر فإن أقوى التزام من جانب الله في أي أمر هو العهد، وعندما يقطع الله عهداً فليس هناك أي شئ آخر يمكن أن يفعله.

عندما قرر الله أن يدخل في عهد مع إبراهيم طلب منه القيام بشيءٍ كان سائداً آنذاك في الشرق الأوسط، ألا وهو ذبح حيوانات معينة ثم شقها إلى جزأين ووضع كل جزء مقابل الآخر وترك مسافة بينهما، ثم يسير كُلٌّ من طرفَيْ العهد بين الجزأين كعلامة الدخول في العهد، لم يخبرنا الكتاب المقدس متى مر إبراهيم بين الجزأين ولكنه يصف كيف مر الله بينهما:

«**ثُمَّ غَابَتِ الشَّمْسُ فَصَارَتِ الْعَتَمَةُ، وَإِذَا تَنُّورُ دُخَانٍ وَمِصْبَاحُ نَارٍ يَجُوزُ بَيْنَ تِلْكَ الْقِطَعِ.**» (تكوين ١٥ : ١٧).

في هذا التنور من الدخان ومصباح النار مَرّ الله بين أجزاء الذبائح، وفي (عبرانيين ١٢ : ٢٩) يذكرنا الكتاب المقدس بأن «**إِلهَنَا نَارٌ آكِلَةٌ**».

ما معنى المرور بين أجزاء الذبيحة؟ معناه أنه بمجرد أن تمر بين أجزاء الذبيحة وتنظر إلى تلك الأجساد الميتة تقول: هذا الموت كان

موتي، من الآن فصاعداً أنا ميت عن نفسي وأحيا لمن دخلت معه في عهد». وضع إبراهيم حياته ليعيش في عهد مع الله، ولكن تذكر أن الله فعل نفس الأمر لإبراهيم.

يمكن لكل طرف في العهد أن يطالب بما يملكه الطرف الآخر، فبناء على العهد قال الله لإبراهيم فيما بعد: «خُذِ ابْنَكَ وَحِيدَكَ الَّذِي تُحِبُّهُ إِسْحَاقَ وَاذْهَبْ إِلَى أَرْضِ الْمُرِيَّا، وَأَصْعِدْهُ هُنَاكَ مُحْرَقَةً عَلَى أَحَدِ الْجِبَالِ الَّذِي أَقُولُ لَكَ».. (تكوين ٢٢: ٢).

كان إبراهيم حافظاً للعهد، فلم يجادل ولم يتأخر، بل تجاوب: «حسناً يا الله، هآنذا، سأذهب إلى هذا المكان وسأقدم الذبيحة» وفي صباح اليوم التالي خرج متجهاً إلى ذلك المكان الذي حدده له الرب.

وفي اللحظة الأخيرة عندما رفع إبراهيم يده بالسكين على جسد ابنه قال له الرب: «حسناً يا إبراهيم لست بحاجة لأن تفعل هذا، الآن أعرف أنك تخافني، لأنك لم تمسك ابنك وحيدك عني» هذا هو العهد!

لكن لم تكن هذه هى نهاية القصة، فبعد حوالي ألفي عام قال الرب: «يحتاج إبراهيم ونسله إلى ذبيحة، ولا يوجد سوى شخص

واحد فقط هو الذي يمكن أن يقدم هذه الذبيحة ألا وهو ابني، قدم إبراهيم ابنه لي، والآن أقدم أنا ابني عنه». كان هذا هو الشِّق الآخر من العهد الذي قُطع على جبل المُريّا، وإتماماً لمتطلبات العهد الذي دخل فيه الله الآب هناك، قدم الآب ابنه يسوع على الجلجثة ذبيحة كافية ونهائية عن كل الخطايا.

في ضوء هذا فإن التاريخ هو ترجمة عملية لعهود الله مع شعبه، وأهمية العهد تخلو تماماً من أي مبالغة.

الآن دعونا نطبق هذا على عهد الزواج، عندما يتزوج رجل مؤمنٌ من امرأةٍ مؤمنة، فإنهما يمران معاً في ذبيحة يسوع على الصليب، وكل منهم يقول كما قال بولس: « **مَعَ الْمَسِيحِ صُلِبْتُ، فَأَحْيَا لاَ أَنَا بَلِ الْمَسِيحُ يَحْيَا فِيَّ. فَمَا أَحْيَاهُ الآنَ فِي الْجَسَدِ فَإِنَّمَا أَحْيَاهُ فِي الإِيمَانِ، إِيمَانِ ابْنِ اللهِ، الَّذِي أَحَبَّنِي وَأَسْلَمَ نَفْسَهُ لأَجْلِي.** » (غلاطية ٢ : ٢٠).

بعد أن يكرسا نفسيهما لبعضهما البعض، يلتفت كُلٌّ منهما للوراء وينظر إلى الصليب، يقول الزوج: «عندما أمر في هذه الذبيحة، أنا ميت، فأنا أضع حياتي، وأحيا الآن حياتي في رفيقتي، فهي التعبير عن حياتي». وتقول الزوجة نفس الأمر: «عندما أمر في هذه الذبيحة، أنا ميتة، فلم أعد أحيا لنفسي، ولكني أحيا الآن

مع من دخلت معه في عهد». يضع كلٌّ منهما حياته وعلى هذا الأساس فقط ينجح الزواج.

لكن يتناقض هذا الاتجاه مع إتجاه الكثيرين في هذه الأيام، فهذا هو السبب وراء انهيار العديد من الزيجات، إذ يدخل الناس اليوم إلى الزواج متسائلين، ماذا سأجني من هذا الزواج؟ وهذا خطأ فالاتجاه الكتابي هو ماذا سأقدم؟ وهذا ما يجعل الزواج ينجح.

الهدف من عهد الزواج

لم يخطط آدم للزواج، ولم يعرف أساساً أنه يحتاج إلى زوجة، إذ بدأ مشروع الزواج في ذهن الله وبالتالي وضع الله كل القواعد الخاصة به وكذلك حدد الهدف النهائي له.

إن هدف الله للزواج هو الوحدة بين الشريكين، الكتاب المقدس يوضح أنّ هناك أساساً واحداً فقط للوحدة الحقيقية بين البشر سواء رجال أو نساء، ألا وهو علاقة العهد، ويصف الكتاب المقدس الزواج بهذه الطريقة:

«لِذلِكَ يَتْرُكُ الرَّجُلُ أَبَاهُ وَأُمَّهُ وَيَلْتَصِقُ بِامْرَأَتِهِ وَيَكُونَانِ جَسَدًا وَاحِدًا». (تكوين ٢: ٢٤).

نجد مفتاح الزواج في الكلمتين «يترك» و«يلتصق»، فإن لم تترك لن تلتصق، وإن لم تكن لديك الرغبة في الخروج خارج نطاق خلفيتك الأبوية والبدء من جديد، فلن تحقق أبداً وحدة حقيقية مع شريك حياتك.

في بعض الثقافات كثيراً ما يفشل الزواج لأن الثقافة السائدة تعلمهم أن الرجل يلتصق بأبيه وأمه بدلاً من أن يلتصق بزوجته، ويقف هذا الولاء حائلاً بينه وبين الاتحاد بزوجته.

من المهم أن نفهم أن الزواج كما يصوّره لنا الكتاب المقدس ليس مجرد جزء من عادات اجتماعية أو ثقافية، حيث أن العديد من العادات الاجتماعية هي التي تحدد كيف يتم الدخول في علاقة الزواج وكيفية الاحتفال به، ففي إسرائيل على سبيل المثال يتبع اليهود مجموعة من العادات الاجتماعية للاحتفال بالزواج، ويتبع العرب مجموعة أخرى ويتبع الأرمن مجموعة ثالثة، وهذا جائز، ولكن الطبيعة الأساسية للزواج حددها الله نفسه في بداية التاريخ الإنساني ألا وهى أن الرجل يترك أباه وأمه ويلتصق بزوجته، فهذا هو الأساس الوحيد الذي يمكن لكلٍّ من الرجل والمرأة أن يحققا الوحدة الحقيقية من خلاله.

هناك أيضاً سوء فهم لمسألة الزواج منتشر هذه الأيام، إذ يتحدث كثيرون ويتصرفون كما لو أن الزواج تجربة، وهذا خطأ، فالزواج التزام وليس تجربة، فهناك تضارب في المصطلحات عندما نتحدث عن «التزام تجريبي»، فمن خلال التكريس المتبادل سيطلق الله النعمة التي يحتاجها الرجل أو المرأة لكي يحيا في وحدة مع شريكه.

الطبيعة النبوية للزواج

هناك حقيقة مثيرة عن إله الكتاب المقدس وهو أنه يسر بأن يعلن عن نفسه للبشر، والإعلان عن نفسه هو أحد الكنوز الثمينة التي يقدمها الله لنا، فالكتاب المقدس هو القناة الأساسية التي يظهر من خلالها هذا الإعلان، وقد اختار الله أن يعلن عن نفسه لا لنا فقط بل من خلالنا أيضاً، فياله من امتياز عظيم!

استخدم الله هذه الطريقة مع كل أنبياء العهد القديم، فقد أمر الله إرميا أن يضع نيراً على عنقه لكي يحذر شعب يهوذا من أسرهم الوشيك، وأمر الله حزقيال أن يحفر بئراً ويتصرف كما لو كان إنساناً يهرب من مدينة محاصرة لكي يرسم لهم صورة وقوع أورشليم الوشيك في يد جيش بابل (انظر حزقيال ١٢ : ٤ - ٥)، وطلب الله من هوشع أن يتزوج من عاهرة لكي يظهر محبته الغافرة

لبني إسرائيل، وهناك الكثير من الأمثلة المماثلة التي يمكنني أن أسوقها.

وبهذا يتضح أن استخدام الله لنا بوصفنا أنبياء له لا يقتصر على مجرد التحدث برسالة ما بل أن نظهر هذه الرسالة من خلال أفعالنا، وإذا رأينا الأمر من هذا المنظور سنجد أن الزواج المسيحي رسالة نبوية جميلة.

أولاً: العلاقة الشخصية بين الرجل وزوجته تظهر رابطة الوحدة التي لا يمكن أن تأتي إلا من خلال علاقة العهد.

ولكن هناك أيضاً رسالة ثانية أكثر روعة ينقلها الزواج المسيحي الحقيقي، ففي (أفسس ٥ : ٢٥) يخبرنا بولس:

«أَيُّهَا الرِّجَالُ، أَحِبُّوا نِسَاءَكُمْ كَمَا أَحَبَّ الْمَسِيحُ أَيْضاً الْكَنِيسَةَ وَأَسْلَمَ نَفْسَهُ لأَجْلِهَا».

للزوج المؤمن امتياز أن يظهر لزوجته محبة مضحية باذلة للنفس تماماً كالتي يقدمها المسيح لكنيسته.

من الجانب الآخر يقول بولس في (أفسس ٥ : ٢٤):

« وَلَكِنْ كَمَا تَخْضَعُ الْكَنِيسَةُ لِلْمَسِيحِ، كَذَلِكَ النِّسَاءُ لِرِجَالِهِنَّ فِي كُلِّ شَيْءٍ. »

للزوجة المؤمنة امتياز تظهره في علاقتها مع زوجها وهى نفس المحبة الموقرة التي تشعر بها الكنيسة تجاه المسيح ربها .

ليس لدى المجتمع المعاصر وقتٌ لمثل تلك الاتجاهات التي تظهر نتيجة الحياة الباذلة ، ولكن مهم للغاية أن يظهر المؤمنون بكل أمانة علاقة المحبة بين المسيح والكنيسة ، ففي بعض الأحيان تكون شهادة حياتنا أكثر تأثيراً من الكلمات الخارجة من الشفتين. يمكننا أن نكون أنبياء لا بكلماتنا فقط ولكن بأفعالنا أيضاً مثل أنبياء العهد القديم.

الفصل الثالث

دور الزوج

في بداية التاريخ الإنساني أوكل الله إلى آدم مسئولية محددة:

«**وَأَخَذَ الرَّبُّ الإِلهُ آدَمَ وَوَضَعَهُ فِي جَنَّةِ عَدْنٍ لِيَعْمَلَهَا وَيَحْفَظَهَا.**» (تكوين ٢ : ١٥)

لا تنقل هذه الترجمة المعنى الكامل لكلمة «يحفظها»، فهي مشتقة من كلمة معناها «ليحرسها» أو «ليحميها»، والكلمة العبرية الحديثة التي تعني «حارس ليلي» مشتقة من هذا الأصل. اعتبر الله آدم مسئولاً عن «حراسة» الجنة، مما يحرسها؟ من دخول «**جَمِيعَ حَيَوَانَاتِ الْبَرِّيَّةِ**» (تكوين ٢ : ٢٠)، التي ليس لها مكان في الجنة.

يظهر الإصحاح الثالث أن آدم فشل في القيام بهذه المسئولية، فالحية كانت من «**حَيَوَانَاتِ الْبَرِّيَّةِ**» التي شقت طريقها إلى الجنة.

ثم فشل آدم في الوفاء بالتزامه الثاني، ألا وهو حماية زوجته من هجمات الشيطان الخادعة، فلا يُظهر الكتاب المقدس أين كان آدم

في تلك اللحظة ولكن من الواضح أنه ترك حواء بمفردها.

عند هذه المرحلة أُضيفت خطية حواء على خطية زوجها، إذ تجاذبت أطراف الحديث مع الحية واستسلمت لخداعها وأكلت من الثمرة التي منعهما الله عن الأكل منها، وأعطت أيضاً زوجها وأكل هو أيضاً.

من هذا يتضح أن أول خطيتين في تاريخ البشرية هما **خطايا إهمال، فلم يفشل آدم فيما فعله ولكنه فشل فيما لم يفعله.**

تقود خطايا الإهمال بدورها إلى خطايا التعدي على وصايا الله، ارتكبت حواء الخطية الثالثة لأنها انخدعت وأكلت من الثمرة التي أمرهما الله ألا يأكلا منها، وأشركت زوجها أيضاً عندما أعطته جزءاً من هذه الثمرة ليأكله. خطية الإنسان الأولى هي خطية الإهمال فقد كان مقصراً، ثم فتحت خطية الإهمال التي ارتكبها آدم الطريق لخطية التعدي على وصايا الله التي ارتكبتها حواء.

يعتقد الناس أن خطايا الإهمال أقل أهمية من خطايا التعدي، ولكن الكتاب المقدس لا يرى الأمر بهذه الطريقة، ففي (متى ٢٥: ٣ـ ٤٦) يقدم يسوع مثالاً نبوياً يتعلق بدينونة «الخراف والجداء» في نهاية العالم، وقد نطق بواحدة من أخطر كلمات الدينونة إذ قال:

«اذْهَبُوا عَنِّي يَا مَلاَعِينُ إِلَى النَّارِ الأَبَدِيَّةِ الْمُعَدَّةِ لإِبْلِيسَ وَمَلاَئِكَتِهِ» (متى ٢٥ : ٤١).

ماذا فعلت الجداء لكي تواجه تلك الدينونة المرعبة؟ الإجابة نجدها في كلمة واحدة وهى: «لا شئ» أي لم تفعل شيئاً، فالجداء لم تقدم طعاماً ولا شراباً ولا ملابس ولم تظهر أي نوع من أنواع الرأفة، وبهذا يكون عقابهم الأبدي ناتجاً عن خطايا الإهمال التي ارتكبوها.

يقدم الفشل المزدوج من جانب آدم وحواء نموذجاً يتكرر كثيراً على مدار الأجيال المتعاقبة، فالصفة الأول الأساسية في خطايا الرجال هى خطايا الإهمال لا خطايا التعدي، إذ يفشل الرجل في القيام بمسئوليته تجاه عائلته، والطبيعة الأساسية لخطية المرأة هى أنها تتخطى حدود سلطانها وتتصدى للقيام بمهام ووظائف الرجل.

تعد الحركات النسائية العنيفة هى آخر تلك الأفعال في سلسلة طويلة من العواقب المؤسفة للفشل المستمر لكل من الرجل والمرأة، ولكن من المهم أن نرى أن الفشل الأساسي للرجل يفتح الباب للمرأة لكي تتحرك من مكانها وتتقدم للنهوض بوظائف الرجل، فالمشكلة الأولى في المجتمع الغربي من وجهة نظري هى الرجل المقصر، تماماً مثلما نجد أن المشكلة الأولى للطفل المقصر والمهمل هى أسرة مهملة ومقصرة.

أفسد فشل آدم وحواء كمال العلاقة التي أراد لهما الله أن يعيشاها ويتمتعا بها سوياً، إلا أن هذا الفشل ليس من شأنه إلغاء المبدأ الذي أراد الله أن تُبنى علاقتهما عليه، فقد جعل الله علاقتهما تقوم على مبدأ المبادرة والاستجابة، وهكذا نجد أنه وفقاً لهذا النمط من العلاقات كان آدم مسئولاً عن الأخذ بزمام المبادرة وحواء مسئولة عن رد الفعل.

دعني أوضح الأمر بمثال معروف ألا وهو العلاقة الجنسية، ربما يكون الرجل بطيئاً وغير متجاوب على الرغم من أن المرأة تستعمل كل طاقتها الأنثوية، ولكن في النهاية إن لم يأخذ الرجل بزمام المبادرة فلن تحدث العلاقة الجنسية، (وهذا هو السبب وراء أن بعض النساء ممن يطالبن بالمساواة يمارسن حياة شاذة، فيرفضن الاعتماد على مبادرة الرجل). وأعتقد أن الخالق أراد أن يكون هذا هو النمط والنموذج الذي يستخدم في كل مجال من مجالات العلاقة بين الجنسين، فدور الرجل هو الأخذ بزمام المبادرة ودور المرأة هو التجاوب مع الرجل.

لكن في حضارتنا المعاصرة هناك عدة جوانب للعلاقة بين الجنسين حيث أن مبدأ المبادرة والتجاوب نُحي جانباً، فقد فشل الرجل في القيام بمهمته الأساسية وأصبحت المرأة تقوم بدور الرجل، والنتيجة

الحتمية سواء في العائلة أو الدولة أو الحضارة يمكن تلخيصها في كلمة واحدة هى «التشويش».

مسئوليات الزوج

ما هى المجالات الأساسية التي يجب على الزوج أن يأخذ فيها بزمام المبادرة؟ يخبرنا العهد الجديد بست مسئوليات أساسية:

١. محبة الزوجة

وهذا ليس مجرد اقتراح أو نصيحة، ولكنه وصية يخبرنا بها الكتاب المقدس بكل وضوح في (أفسس ٥ : ٢٥) «أَيُّهَا الرِّجَالُ، أَحِبُّوا نِسَاءَكُمْ»، ببساطة إن لم تحب زوجتك فأنت تعصي الكتاب المقدس.

تخبرنا نفس الآية بالطريقة التي يجب على الرجل أن يحب زوجته بها «كَمَا أَحَبَّ الْمَسِيحُ أَيْضًا الْكَنِيسَةَ وَأَسْلَمَ نَفْسَهُ لأَجْلِهَا». لاحظ أن هذه ليست محبة آخذة ولكنها محبة معطية، إذ أنها محبة تقدم نفسها، فالزوج هو الذي يجب أن يبادر بتقديم نفسه لأجل زوجته.

يعتقد كثيرون في حضارتنا المعاصرة أن المحبة فعل عاطفي بالدرجة الأولى، ولكن هذه صورة ناقصة، فالمحبة الحقيقية تنطلق

من عمل الإرادة، يقول داود في (مزمور ١٨ : ١) «أُحِبُّكَ يَا رَبُّ، يَا قُوَّتِي». فقد اتخذ داود قراراً، ومحبته للرب بدأت بفعل إرادي.

يستخدم داود كلمة لها علاقة بكلمة عبرية يمكن أن تترجم إلى «أمعاء» أو «رحم» وهى ما نطلق عليه في حديثنا «مشاعر جياشة»، فهى كلمة تشمل كل من إرادة داود ومشاعره، فهذه هى المحبة التي يجب أن يقدمها الزوج لزوجته.

في أزمنة الكتاب المقدس كانت كل الزيجات تتم بترتيب، فاختيار العريس أو العروس كان قرار الآباء، وهذا لا يزال موجوداً في مناطق كثيرة من العالم اليوم، ولكن حقيقة أن الزواج كان مرتباً لا تعني عدم وجود محبة عميقة وقوية بين الزوج وزوجته، في الواقع في الدول التي يتم فيها الزواج بترتيب تشهد معدلات أعلى للزواج الناجح مقارنة بما نطلق عليه الغرب «الحر» حيث أن نسبة الطلاق في بعض الأحيان تقترب من الخمسين بالمائة.

وما أقوله هنا لا يعني بالضرورة دفاعاً عن الزيجات المرتبة، ولكن وجهة نظري هى أن النجاح في الزواج لا يعتمد فقط على الطريقة التي بدأ بها الأمر ولكن على الطريقة التي يسلك بها كل من الزوج والزوجة بعد الإرتباط، فلو أن كلاً منهما أمين في إتمام مسئولياته

التي يحددها الكتاب المقدس، فإن الزواج سيكون ناجحاً وستكون هناك محبة حقيقية بين الطرفين.

٢. الاستقبال من الزوجة

يجب أن يتيح الزوج للزوجة مساحة لكي تفصح عما يدور في ذهنها بكل حرية و يجب أن يكون حساساً تجاه ما تفكر فيه أو ما تشعر به حتى وإن لم تعبر عنه بالكلمات، **فالمشاعر التي لا تعبر عنها الزوجة هي المشاعر الأعمق، وهي التي تستحق إدراكاً أكثر من قبل الزوج**، فالفشل في التواصل بين الزوجين ربما يكون من أكثر العوامل التي تؤدي إلى انهيار الزواج.

ولابد أن يتذكر الزوج أن زوجته لديها نوع خاص من الحكمة وهي ما نطلق عليه «حدس» فربما يصل الزوج إلى نتيجة معينة بعد عملية مجهدة من تفكير عميق ومجهد ولكن عندما يعبر عن هذا لزوجته فربما يندهش عندما يجدها تقول: «كنت أعلم هذا طوال الوقت».

٣. اتخاذ القرارات

بمجرد أن يكون هناك تواصل حر بين الزوجين، فإنهما يصلان إلى مرحلة اتخاذ القرار، عند هذه المرحلة تكون مسئولية الزوج

أن يتخذ القرار النهائي، ففي العديد من الحالات، عندما يكون هناك تواصل جيد بين الزوجين تشعر الزوجة بالسعادة لأنها تسمح لزوجها بتحمُّل هذه المسئولية.

٤. البدء في الفعل

بصفة عامة نجد أن التحرك والبدء في الفعل هو النتيجة المنطقية لعملية اتخاذ القرار التي شرحناها لتونا، والزوج بالطبع هو المسئول عن اتخاذ الخطوات العملية لتنفيذ القرار.

ربما يجب على الزوج أن يوكل لزوجته القيام بالكثير من المهام اليومية ولكن لابد وأن يكون حريصاً على تحمل قدرٍ معقولٍ من المشاركة في المسئولية، وخاصة إذا كان لديهما أطفال، وربما يعتمد تقسيم العمل فيما بينهما على مواهبهما الروحية، هذا بالإضافة إلى أن الزوجة يجب أن تعتمد على دعم زوجها لها عندما تمر بأزمة لا تستطيع التعامل معها.

٥. الاهتمام والرعاية

هناك كلمة واحدة تصف توجه كل زوج نحو زوجته ألا وهى كلمة «خاصة» أو «مميزة»، فيجب أن يقول كل زوج لنفسه زوجتي «مميزة»،

ولا يوجد مثلها، لذلك يجب أن يتقرب منها ويتودد إليها بطريقة لا يستخدمها مع أي امرأة أخرى وهذا لا ينطبق على علاقتهما الجنسية فحسب، بل على الطريقة التي يفكر بها في زوجته، والطريقة التي يتحدث بها عنها، والطريقة التي يعاملها بها أيضاً.

في (أفسس ٥ : ٢٨ ـ ٢٩) يخبرنا بولس أن الرجل يجب أن يحب زوجته ويعتني بها بطريقة خاصة للغاية:

«كَذلِكَ يَجِبُ عَلَى الرِّجَالِ أَنْ يُحِبُّوا نِسَاءَهُمْ كَأَجْسَادِهِمْ. مَنْ يُحِبُّ امْرَأَتَهُ يُحِبُّ نَفْسَهُ. فَإِنَّهُ لَمْ يُبْغِضْ أَحَدٌ جَسَدَهُ قَطُّ، بَلْ يَقُوتُهُ وَيُرَبِّيهِ، كَمَا الرَّبُّ أَيْضًا لِلْكَنِيسَةِ.»

والكلمتين «يقوته» و«يربيه» توجه أنظارنا نحو الاهتمام الكامل، بما في ذلك ما يدخل في نطاق التفاصيل الصغيرة، فيجب أن يهتم الزوج بصحة زوجته ومظهرها وتسريحة شعرها، وبالعطر الذي تستخدمه. فكل ما يهمها يجب أن يكون موضع اهتمامه أيضاً، ويجب أن تثق الزوجة دائماً أنها أهم شخص في العالم بالنسبة لزوجها.

أؤكد لك أيها الزوج أنك لو زرعت هذا في زوجتك فإن حصادك سيكون وفيراً جداً!

٦. المــــدح

يصف آخر مقاطع الإصحاح الأخير من سفر الأمثال شخصية المرأة «الفاضلة» أو الرائعة، ويشير إلى العديد من الإنجازات التي تحققها هذه الزوجة، ثم ينتهي هذا الإصحاح بكلمات المدح:

«يَقُومُ أَوْلاَدُهَا وَيُطَوِّبُونَهَا. زَوْجُهَا أَيْضًا فَيَمْدَحُهَا: «بَنَاتٌ كَثِيرَاتٌ عَمِلْنَ فَضْلاً، أَمَّا أَنْتِ فَفُقْتِ عَلَيْهِنَّ جَمِيعًا».»

(أمثال ٣١: ٢٨ - ٢٩).

يبخل بعض الأزواج على زوجاتهم بكلمات المديح، وهذه نظرية اقتصادية خاطئة! إذ سيندهشون عندما يكتشفون كم تتوق المرأة للمديح، وكيف تتجاوب مع تلك الكلمات. **امدح زوجتك فهذا واحد من أفضل المجالات التي يمكن أن تستثمر فيها.**

لو أن الزوج لديه زوجة أمينة فلا يمكن أن يعوضها عن هذا بالمال، فكما يقول سليمان في هذه الآيات: «**لأَنَّ ثَمَنَهَا يَفُوقُ اللآلِئَ**» (آية ١٠)، فأقل ما يمكن أن يقدمه الزوج هو كلمات المديح الخارجة من قلبه.

تحدٍّ أخير

سُئل أحد الخدام عن رأيه في شخصٍ ما: «هل هو مؤمن جيد؟»، فأجاب الخادم: «لا أعرف، ولا يمكنني أن أجيبك عن هذا السؤال إن لم أقابل زوجته». وهذا رد حكيم، فنجاح الزوج تبدو ملامحه على زوجته.

لماذا لا تطبق هذا الاختبار على نفسك كزوج؟ ربما كان عليك أن تقلل بعض الشيء من تركيزك على نفسك وتركز أكثر على زوجتك، اسأل نفسك واطرح على زوجتك أيضاً الأسئلة التالية لكي تُقَيِّمَ نفسك:

- **هل تشعر زوجتك بالأمان والشبع؟**
- **هل أنا فخور بها؟**

إذا كانت الإجابة نعم فأنت زوج ناجح.

ولكن إذا كانت هناك جوانب معينة في شخصية زوجتك غير مكتملة أو أنها تشعر بالإجهاد أو عدم الأمان فلا بد وأن تعيد تقييم دورك كزوج، وربما تفعل حسناً بأن تعيد قراءة القائمة السابقة الخاصة بمسئوليات الزوج، وإن اكتشفت أنك مقصر، تب أمام الرب واطلب منه النعمة التي تحتاجها لكي تكون أفضل.

الفصل الرابع

دور الزوجة

يتناول هذا الكتاب دور الأزواج بشكلٍ أساسي، ولكن لكي يكون دور الزوج كاملاً وواضحاً فلابد من إلقاء الضوء على دور الزوجة باختصار، سيسير الزواج بسلاسة عندما يقوم كل طرف بدوره الكتابي، لهذا دعونا نلقي نظرة على ما يقوله الكتاب المقدس عن الزوجة.

١. معين

«وَقَالَ الرَّبُّ الإِلهُ: «لَيْسَ جَيِّدًا أَنْ يَكُونَ آدَمُ وَحْدَهُ، فَأَصْنَعَ لَهُ مُعِينًا نَظِيرَهُ» (تكوين ٢ : ١٨).

يمكن أن تترجم هذه الآية إلى «سأصنع له معيناً لكي أكمله / يكون مكتملاً. مما يعني ضمناً أن الرجل بدون زوجته غير مكتمل. هناك بعض الصعوبة في ترجمة اللغة العبرية إلى اللغات الأخرى ولكن دعونا نركز على النقطة الأساسية: الله خلق المرأة لكي تكون معيناً.

يفكر كثير من النساء اليوم قائلات : بما أنني معين فإذاً أنا أقل، وهذا خطأ، ففي جسد المسيح لا يوجد شخص أعلى أو أدنى من الآخر، فلكل منا مكانته ودوره، ولكن الله يطلب منا أن نكون أمناء في المكانة والدور الخاص الذي حدده لنا.

في (يوحنا ١٤ : ١٦ - ١٧) يتحدث يسوع عما سيقدمه لتلاميذه بعدما يتركهم :

«وَأَنَا أَطْلُبُ مِنَ الآبِ فَيُعْطِيكُمْ مُعَزِّيًا (معيناً في ترجمات أخرى) آخَرَ لِيَمْكُثَ مَعَكُمْ إِلَى الأَبَدِ، رُوحُ الْحَقِّ...»

يصف يسوع الروح القدس بأنه «معزي» / «معين» ولكن هذا لا يعني أن الروح القدس أقل؟ بل على النقيض هو الله.

هكذا أيضاً فإن الزوجة التي تقوم بالدور المعطى لها من الله كمعين ليست بأي حال من الأحوال أقل، فأشكر الله على أن زوجتيّ كانتا معينتين رائعتين، فلم يكن بإمكاني أن أحقق ما حققته دون ليديا زوجتي الأولى وروث زوجتي الثانية.

٢. الخضوع للزوج

يتعرض هذا المبدأ لكثير من الجدال في السنوات الأخيرة ولكن الرسول بولس يتحدث عنه بكل وضوح في (أفسس ٥ : ٢٢) : «أَيُّهَا النِّسَاءُ اخْضَعْنَ لِرِجَالِكُنَّ كَمَا لِلرَّبِّ».

يرجع كثير من الجدال الذي يُثار حول هذا الدور إلى حقيقة أن هذه الآية تُنتَزع بعيداً عن السياق الذي وردت فيه، (في نسخة الكتاب المقدس الذي بين يديّ الآن وضع المحررون عنواناً جانبياً ليفصل بين الآية ٢١ والآية ٢٢)، فالآية السابقة موجهة لكل المؤمنين، «خَاضِعِينَ بَعْضُكُمْ لِبَعْضٍ فِي خَوْفِ اللهِ..»، هذا هو الخضوع الأساسي في جسد المسيح، أن يخضع كل المؤمنين لبعضهم البعض، فلابد وأن تكون هذه سمة مميزة لكل المؤمنين، التواضع و الاستعداد للخضوع للمؤمنين الآخرين.

إن استعداد الزوجة للخضوع لزوجها يظهر امتيازا خاصاً بها، فهى بذلك تعبر عن اتجاه الكنيسة نحو المسيح، وفي هذا الإطار نجد أن الخضوع ليس واجباً مفروضاً على الزوجة ولكنه امتياز ممنوح لها.

بدأ كل من بطرس المتزوج وبولس غير المتزوج تعليمهما فيما يتعلق بترتيب البيت بمسئولية الزوجة في الخضوع لزوجها، وهناك

سبب عملي وراء ذلك، لأنه إن لم تتمم الزوجة مسئوليتها فمن المستحيل أن يتمكن الزوج من القيام بمسئوليته، فالزوجة تحمل مفتاحاً إما أن تفتح به الباب لزوجها لكي يتمم دوره كرأسٍ للأسرة، أو أن تغلق أمامه هذا الباب. فإن لم تخضع الزوجة طواعيةً لقيادة زوجها، فلن يستطيع إحتلال هذه المكانة إلا من خلال فَرْضِ السيطرة، وبالطبع لا توجد زوجة ترضى بهذا على الإطلاق.

ماذا لو أن الزوجة اختارت ألّا تخضع لزوجها واختار الزوج ألا يتبوأ مكانه كرأسٍ للعائلة؟ حتماً ستصبح هذه العائلة بلا حماية روحية، وستكون مثل سفينة تَعْبُرُ في بحر ملئ بالعواصف دونما ربان، مما سيؤدي إلى تحطم هذه السفينة.

إن العائلات التي بلا حماية هى السبب الرئيسي وراء عدم الاستقرار الاجتماعي الذي نلمسه، ولا يوجد سوى حل واحد فعال، هو أن نعيد تطبيق النظام الذي وضعه الله للعائلة.

كانت زوجتي الأولى أكبر مني عندما تزوجنا، وهى بالفعل مرسلة لديها خبرتها، نجحت في مجال صعب من مجالات الخدمة، وكانت متعلمة ومتحدثة موهوبة، ولو كانت لديها الرغبة في السيطرة عليّ، لما واجهت صعوبة في هذا الأمر! ولكنها سمحت

لهذا الشاب الذي لم تكن لديه خبرة أن يدخل ويصبح رأس المنزل.

لابد وأنها أحسَّت بالحزن نتيجة بعض الأخطاء التي ارتكتبها، فأنا كما ذكرت سابقاً ليس لي إخوة أو أخوات، وفجأة وجدت نفسي رأساً لعائلة مكونة من ثماني فتيات، وقد تسبب هذا في بعض المعاناة لجميعنا!

لو احتفظت ليديا بمكانتها كرئيسة للعمل، لأمضيت حياتي كلها بصفتي «زوج ليديا»، ولكن شكراً لله لأني ليديا سمحت لي أن آخذ مكانتي.

٣. الدعم للزوج

خلق الله الجسد البشري بحيث لا يستطيع الرأس أن يحمل نفسه، فإذا كان الرجل هو رأس البيت، فالجسد هو الذي يحمله، وهذه هى المسئولية الأولى للزوجة.

فنحن الرجال نعاني من الضعف في بعض الجوانب، إذ نحتاج إلى الدعم والتشجيع، حيث نرتدي قناع القوة الخارجية ونتحمل، ولكننا في الداخل ضعفاء، والزوجة الروحية هى التي ترى نقاط

ضعف زوجها ولا تركز عليها، ولكنها تشجعه بطريقة حكيمة لكي يتغلب على تلك الضعفات.

٤. التشجيع

لا يوجد ما هو أكثر إيلاماً من زوجة تحبط زوجها. تخيل واعظاً ألقى لتوه عظة ضعيفة وقوبل باستجابة محبطة من شعب كنيسته، فإن قالت له زوجته وهما في طريق عودتهما للمنزل: «هذه العظة بشعة». فسيشعر بالخزي كما لو أنه دودة، ولكن إن قالت: «على الرغم من أن هذه العظة لم تكن الأفضل لكنني قد استمتعت بها»، سيفكر في نفسه قائلاً: حسناً لا يزال هناك أمل، فربما أنجح في المرة القادمة.

أشرت إلى لقبٍ واحدٍ من ألقاب الروح القدس وهو «المعين»، ولكن هذه الكلمة نفسها يمكن أن تترجم إلى «المشجع»، فعندما تشجع الزوجة زوجها فهي بهذا تقوم بدور الروح القدس في هذا الموقف.

٥. تتشفع لزوجها

كثيراً ما تسقط الزوجات في شرك قضاء الكثير من الوقت في القلق على أزواجهن، وانتقادهم، والإشارة إلى أخطائهم، لدرجة أنهن

لا يستطعن الصلاة لأجلهم، فالزوجة التي تركع على ركبتيها لتشكر الله على زوجها ستكون الزوجة التي تحصد الكثير من المزايا.

تقابلت أنا وروث في إحدى المرات مع زوجتين تعانيان من مشكلات في زواجهما، وفي كلتا الحالتين، كانت هناك مشكلات ونقاط ضعف معينة في حياة الزوج، واتفقت الزوجتان على أن تتقابلا كل صباح وتتشفعا لزوجيهما، واظبا على هذا الأمر بمنتهى الأمانة لعدة سنوات، واليوم كلا الزوجين ناجح، أحدهما في الخدمة، والآخر في العمل العلماني. لولا شفاعة الزوجتين وإصرارهما لما تمكنا من الوصول إلى ما وصلا إليه.

تحقق الشفاعة أرباحاً أكثر من الانتقاد أو الشكوى.

تقديري لروث:

فيما أقوم بإعداد هذا الكتاب دعا الله زوجتي روث لتكون معه في السماء، وقد أمضيت معها حوالي عشرين عاماً في زواج سعيد وناجح ومثمر، وهذا لعدة أسباب.

أولاً: كلانا مؤمن مكرس للرب، وقد كان هدفنا الأول في الحياة هو أن نخدم الرب ونمجده.

ثانياً: كلانا يؤمن بأن خطة الله لحياتنا هى الارتباط معاً كزوج وزوجة.

ثالثاً: كلانا مقتنع بأن النموذج الذي وضعه العهد الجديد للزواج ما زال هو النموذج الذي يجب تطبيقه اليوم، فلم نتغاض عن أي من متطلبات هذا النموذج بحجة «الثقافة» أو أنها «لم تعد صالحة لهذا الزمان».

رابعاً: لم تكن روث أنانية بل امرأة قديرة وموهوبة كان باستطاعتها أن تنجح في طريقها، ولكنها آمنت بأن الواجب المعيّن لها من الله هو أن تمكنني بكل طريقة ممكنة من إتمام خدمتي المعطاة لي من الله، فكانت غيورة لا على نجاحها بل على نجاحي.

لكن لابد وأن أذكر أيضاً أن التزام روث بي وبخدمتي لم ينتقص أبداً من قدرها أو يجعلها تتملقني، فلو أحسّت أنني أفعل شيئاً ما خطأ، أو أواجه خطر ارتكاب خطأ ما؛ كانت تخبرني بالأمر بمنتهى الصراحة، وكانت مهتمة للغاية بضرورة ارتداء ملابسي بالطريقة التي تناسب الخدمة التي أعطاها الله لي، فلو شعرت بأني مهمل في مظهري أو مبهرج كانت تقول: «تبدو وكأنك رجل بلا زوجة».

أثناء سنوات زواجنا التي امتدت لعشرين عاماً، اتسعت خدمتي

بطريقة عجيبة، فعندما تزوجنا كنت مجرد معلم متنقل لم ينشر سوى القليل من الكتب، ولم أظهر إلا في دوائر محدودة في جسد المسيح، ولكن مع حلول الوقت الذي دعا فيه الرب روث إلى جواره كان لخدمات ديرك برنس تأثير عالمي، وترجمت دراساتي للكتاب المقدس التي أعددتها للإذاعة إلى لغات مختلفة، منها الروسية والأسبانية والعربية وأربع لهجات صينية، وكان هذا الأمر قد بدأ بعد ارتباطي بـ«روث» بعامٍ تقريباً ونشرت على الأقل عشرين كتاباً آخر وقد ترجم جزء كبير منها إلى ما يقرب من ستين لغة أجنبية. وعقدت أنا وروث اجتماعات في كل القارات ما عدا أنتا ركيكا. وقمنا معنا بأربع رحلات للخدمة حول العالم، وهناك حوالي ثلاثين مكتباً لخدمات ديرك برنس في ثلاثين دولة على الأقل خارج الولايات المتحدة.

لقد ذكرت كل هذا لكي أعبر عن تقديري لروث ولكي أؤكد على حقيقة أساسية ألا وهى أنه لم يكن من الممكن أن يحدث هذا لولا دعم روث لي من كل قلبها.

اعتدت أن أقول لروث كل يوم تقريباً: «أنت حبيبتي» و «أنت رائعة» وما زلت أشعر بهذا.

دور الزوجة

عندما يقدم لنا الله المكافآت في المجد ستحصل روث على نصيبها كاملاً، وأتطلع أن أكون هناك لأراها.

بعدما وصلنا لهذه المرحلة أعتقد أنك ربما تسأل نفسك، إن كان ديرك برنس وروث قد استمتعا بزواج سعيد ومثمر فلماذا يبدو أن زيجات قليلة جداً تحقق هذا النوع من النجاح؟

حسناً من بين الأسباب الشائعة هو أن العديد من الأزواج يفشلون في إضافة عنصر أساسي إلى زواجهم وهو ما سنتناوله في الفصل التالي.

الفصل الخامس

العنصر المفقود

شاركني أحد الخدام المبشرين المعروفين وزوجته صراحةً ببعض المشكلات التي يمران بها ليحافظا على زواجها، وفي مرحلة ما أخبرتني الزوجة أن صراعاتهما الداخلية انفجرت ذات يومٍ في نقاش غاضب في حجرة النوم.

ركز الزوج مثلما يركز الأزواج عادة على الوصية الكتابية التي توجب خضوع الزوجات لأزواجهن، وركزت الزوجة مثلما تفعل الزوجات عادة على أنها لا ترى سبباً يجعلها تخضع له، إذ قالت له: «على أية حال ليس لديك سجل مشرف، إذ اتخذت الكثير من القرارات الغبية».

عند هذه المرحلة أدرك كل منهما أنه لا يتصرف كما ينبغي أن يتصرف الزوجان المؤمنان، وفي الحال ركع كل منهما مقابل الآخر ليصليا معاً.

أخبرتني الزوجة: «فيما كُنّا نصلي بدا كما لو أن نسيماً

بارداً قد هبَّ على حجرتنا، طابعاً في قلوبنا العبارة الواردة في (أفسس ٥: ٢١) «خَاضِعِينَ بَعْضُكُمْ لِبَعْضٍ فِي خَوْفِ اللهِ.»، وأدرك كل منا أن هناك عنصرٌ مفقودٌ في علاقتنا ببعضنا البعض ألا وهو مخافة الله، فقد تصرفنا كما لو كانت علاقتنا على المستوى الإنساني فقط، وأخرجنا الله من دائرة هذه العلاقة».

عندما رأى كل منهما هذا تاب عن فشله وطلب الغفران من الله ومن الطرف الآخر، وكانت هذه بداية لعلاقة جديدة بينهما، علاقة قبل فيها كل منهما المكانة التي خصصها له الله.

ظل هذا المشهد الذي حدث في حجرة نومهما والذي نقلته الزوجة بكل تفاصيله يتبادر إلى ذهني، وبالتدريج وصلت إلى تشخيص يفسر عدم وصول الكثير من زيجات المؤمنين إلى المستوى الذي يتحدث عنه العهد الجديد، إذ تفتقر هذه الزيجات إلى أهم عوامل نجاح الزواج المسيحي ألا وهو مخافة الرب.

وعليه فإن نجاح الزواج المسيحي مؤسس على مخافة الرب. تصادف أن كلاً من ليديا وروث كانت لديها القدرة على إعداد طعام جيد وهو الأمر الذي أشكر الله لأجله! فكلاهما يجمع وصفات

الطعام، وقد رأيت أنه عندما يقوم أي منهما بإعداد كعكة أو فطيرة فهناك مكون وعنصر أساسي تعتمد عليها نكهة هذه الوصفة بالكامل. فعلى الرغم من وجود كل المكونات الأخرى وعلى الرغم من خلطها بالطريقة الصحيحة إلا أنه بدون هذا المكون الأساسي فإن مذاق الكعكة أو الفطيرة لا يكون كما يجب أن يكون.

على سبيل المثال هناك وصفتان لكعكة عيد الميلاد، الوصفة الأمريكية والوصفة الانجليزية، وفيما يتعلق بالأخيرة، تمثل الحلوى التي تتكون من مسحوق السكر واللوز العنصر الأساسي الذي يميزها في حين أن الوصفة الخاصة بالكعكة الأمريكية ليس بها هذه الحلوى، بالنسبة لي وبسبب خلفيتي الانجليزية فإن كعكة عيد الميلاد بدون هذه الحلوى ليست كعكة عيد الميلاد، فهذه الحلوى هي التي تصنع الفرق.

كيف نطبق هذا على الزواج المسيحي؟ حسناً، فإن حلوى مسحوق السكر واللوز هي مخافة الرب، فبدون هذا المكون المميز سيتساوى الزواج المسيحي مع زواج غير المؤمنين، ولن يصل إلى المستوى الذي يريده الله، إذ سيفتقر الزواج إلى المذاق الخاص الذي يميز الزواج المسيحي عن زواج غير المؤمنين.

الاحترام والتقدير والهيبة

للأسف فإن كثيراً من المؤمنين المعاصرين لديهم مفهوم خاطئ بخصوص ما يقصده الكتاب المقدس من عبارة مخافة الرب، فيقللون من شأن مخافة الرب كما لو كانت شيئاً عفا عليه الزمن ولا ينتمي إلا للعهد القديم وليس له مكان في مسيحية العهد الجديد، ولكن مخافة الرب ليست بالأمر البعيد عن الحق! في الواقع، تحظى مخافة الرب بأولوية أكبر بين وصايا العهد الجديد مقارنة بالقديم.

لابد وأن نسأل أنفسنا ما الذي يقصده الكتاب المقدس بتعبير «مخافة الرب»؟ إنها تغطي ثلاث كلمات هي «**الاحترام**» و«**الهيبة**» و«**التقدير**»، **إن مخافة الله ليست اتجاه عبودية وتملق، ولكنه التجاوب بطريقة مناسبة من المخلوقات نحو خالقها القادر على كل الشيء، وتجاوب مع عظمته ومجده وقداسته.**

في (مزمور ١٩ : ٩) يقول داود: «**خَوْفُ الرَّبِّ نَقِيٌّ ثَابِتٌ إِلَى الأَبَدِ.**»

لن يكون خوف الرب أبداً قديماً، ولكنه نقي وينقي، شئ يبحث عنه الله في شعبه عَبْرَ كل العصور.

في (إشعياء ١١ : ٢) تنبأ النبي عن مسحة الروح القدس التي

تغطي سبعة جوانب، وكانت بمثابة الدليل على أن يسوع هو المسيا المنتظر الممسوح، وفيما يلي السبعة جوانب المختلفة لهذه المسحة:

- روح الرب
- روح الحكمة
- روح الفهم
- روح المشورة
- روح القوة
- روح المعرفة
- **روح مخافة الرب، والتي تُعد تاج هذه القائمة**

ربما نعتقد أنه لا يوجد مكان لمخافة الرب في يسوع، ابن الله المحبوب يسوع المسيح، ولكن (إشعياء ١١: ٢) يكشف عن أن مخافة الرب هي الختم النهائي الذي يميز يسوع بوصفه المسيا وابن الله، فحيث أن **مخافة الرب كان مكوناً أساسياً في شخصية السيد المسيح**، فيجب أيضاً أن تكون سمة بارزة فينا نحن تلاميذه وحاملي اسمه.

لندرك ثمن فدائنا

يتبنى المؤمنون في بعض الأحيان إتجاهاً ينادي بأنه نظراً لأن الله في محبته قد قبلنا وجعلنا أولاده فلا مكان لمخافة الرب في حياتنا،

ولكن العكس هو الصحيح تماماً، **فحقيقة أن الله افتدانا على حساب دم ابنه الغالي يجب أن تجعلنا نشعر بالمهابة تجاه مسئوليتنا لكي نحيا الحياة التي تعطيه المجد الذي يستحقه.**

في (١بطرس ١٧ - ١٩) يوضح الرسول أن الثمن الذي دفع لأجل فدائنا يجب أن يزرع فينا مخافة مقدسة من الفشل في إعطاء الله المجد الذي يستحقه:

«وَإِنْ كُنْتُمْ تَدْعُونَ أَبًا الّذي يَحْكُمُ بِغَيْرِ مُحَابَاةٍ حَسَبَ عَمَلِ كُلِّ وَاحِدٍ، فَسِيرُوا زَمَانَ غُرْبَتِكُمْ بِخَوْفٍ، عَالِمِينَ أَنَّكُمُ افْتُدِيتُمْ لاَ بِأَشْيَاءَ تَفْنَى، بِفِضَّةٍ أَوْ ذَهَبٍ، مِنْ سِيرَتِكُمُ الْبَاطِلَةِ الَّتِي تَقَلَّدْتُمُوهَا مِنَ الآبَاءِ، بَلْ بِدَمٍ كَرِيمٍ، كَمَا مِنْ حَمَلٍ بِلاَ عَيْبٍ وَلاَ دَنَسٍ، دَمِ الْمَسِيحِ»

يؤكد بطرس على أن مخافة الرب هى الاستجابة الوحيدة المناسبة لعمل الله الفدائي وهو الأمر البعيد كل البعد عما ينادي به البعض بأنه لا مكان لمخافة الرب في حياة المؤمنين.

فيما أسعى لكي أرسم في ذهني صورة للتأثير الذي يجب أن يكون لمخافة الرب في حياتي أتخيل نفسي واقفاً على قمة صخرة مرتفعة تطل على وادٍ مليء بالأحجار الصغيرة على مسافة مئات الأقدام من تحتي وهناك سور يحميني من الاقتراب من الحافة، وأتخيل أن هذا السور هو الآيات الكتابية التي توصيني بأن أحيا

حياة مقدسة، ثم أفترض أني تجرأت وتسلقت هذا السور واتخذت مكاني على حافة الصخرة، ثم أتخيل ما يمكن أن يحدث، حتماً أي خطوة للأمام ستؤدي إلى كارثة تضع نهاية لحياتي.

عندما تمعنت في هذه الفكرة، شعرت بتقلص في معدتي وببرودة تسري في عمودي الفقري، وتذكرت أيضاً كلمات التحذير الواردة في الرسالة إلى العبرانيين:

«**مُخِيفٌ هُوَ الْوُقُوعُ فِي يَدَيِ اللهِ الْحَيِّ!**» (عبرانيين ١٠ : ٣١).

لا يجب أن نشعر بالمخافة والرهبة من الله فقط ولكن لابد وأن نشعر بهذه المخافة والرهبة تجاه كلمته أيضاً، فالكتاب المقدس يذكر في (إشعياء ٦٦ : ٢):

«**وَإِلَى هذَا أَنْظُرُ: إِلَى الْمِسْكِينِ وَالْمُنْسَحِقِ الرُّوحِ وَالْمُرْتَعِدِ مِنْ كَلاَمِي.**»

لماذا يجب أن نرتعب من كلام الله؟ لأن هذه هي الطريقة التي يحل بها الله الآب والله الابن في حياتنا، في (يوحنا ١٤ : ٢٣) يقول يسوع:

«**إِنْ أَحَبَّنِي أَحَدٌ يَحْفَظْ كَلاَمِي، وَيُحِبُّهُ أَبِي، وَإِلَيْهِ نَأْتِي، وَعِنْدَهُ نَصْنَعُ مَنْزِلاً**».

يكشف موقفنا من الكلمة عن مدى محبتنا ليسوع، ويفتح الطريق لله لكي يحل بشكلٍ مجيدٍ في حياتنا، فعندما نقرأ الكتاب المقدس أو نسمعه يجب أن يكون لنا نفس الموقف كما لو أن الله المثلث الأقانيم ظاهر أمام عيوننا.

مفتاح الشعور بالفرح والإثمار

يعد هذا الاتجاه الخاص بمهابة الله وكلمته والشعور بالرهبة تجاههما هو المفتاح لاختبار الفرح الذي يعطيه الله هذا على عكس ما يتوقعه البعض، ففي (مزمور ٢ : ١١) يحثنا كاتب المزامير قائلاً:

«اعْبُدُوا الرَّبَّ بِخَوْفٍ، وَاهْتِفُوا بِرَعْدَةٍ.»

يرسم الكتاب المقدس أمامنا (توازناً جميلاً)، إذ نفرح برحمة الله، وفي ذات الوقت نرتعد من هيبته.

ظهر هذا التوازن بين الخوف والتشجيع في كنيسة العهد الجديد، يخبرنا (أعمال ٩ : ٣١) عن الكنيسة في كل اليهودية والجليل والسامرة:

«وَكَانَتْ تُبْنَى وَتَسِيرُ فِي خَوْفِ الرَّبِّ، وَبِتَعْزِيَةِ الرُّوحِ الْقُدُسِ كَانَتْ تَتَكَاثَرُ.»

تبدو هذه العلاقة بين الأمرين أي مخافة الرب وتعزية الروح

القدس غريبة على الذهن البشري، فكيف يسير الخوف والتعزية معاً؟ إلا أن هذا التوازن هو المفتاح للحياة الروحية المتوهجة والنمو المطرد في كنيسة العهد الجديد.

ربما بعد أن وصلت لهذا الجزء رحت تسأل نفسك عن علاقة كل ما ذُكر عن مخافة الرب بالعلاقة بين الزوج والزوجة؟ سأجيب بعبارة بسيطة وجوهرية للغاية، فمن واقع خبرتي في بيت مؤمن ومن واقع تقديمي للمشورة للعديد من المؤمنين الذين يعانون من مشكلات في زواجهم تأكدت أنه بدون وجود مخافة الرب لدى كل من الزوج والزوجة فإن الزواج المسيحي لا يمكن أن يكون كما يريده الله.

مخافة الرب هي المكون الأساسي الذي يعتمد عليه طعم الكعكة، فربما يتكلم كلٌّ من الزوج والزوجة بأمور سليمة ويتخذون كل القرارات الصائبة، ويحضرون كل جلسات المشورة ولكن إن لم تكن مخافة الرب هي قوة الدفع التي تعمل في حياتهم، فلن يصل زواجهما إلى المستوى الذي يريده الله.

لا يوجد سوى أساس واحد آمن لهذا النوع من التوجهات في كل من الزوج والزوجة، ففي النهاية يعتمد الأمر على علاقتنا الشخصية بالرب يسوع، فهو يدعونا للدخول في علاقة شخصية حميمة معه،

لا على حساب شعورنا بأنه هو الإعلان الشخصي العظيم والمهوب لله الآب. فهو مخلصنا ولكنه أيضاً الديّان، الذي لابد وأن نقف أمامه يوما ما لنعطي حساباً، وهذا واضح في العهد الجديد في قصة التلميذين المقربين له يوحنا وبولس.

ففي العشاء الأخير كان يوحنا قريباً ليسوع لدرجة أنه كان يتكأ على صدره ويهمس في أذنه، ولكن فيما بعد عندما رأى يوحنا فجأة رؤيا للمسيح الممجد القائم قال: «**فَلَمَّا رَأَيْتُهُ سَقَطْتُ عِنْدَ رِجْلَيْهِ كَمَيِّتٍ**» (رؤيا ١ : ١٧).

فيما بعد استمتع بولس بالعلاقة المستمرة والشركة الحميمة مع الرب، ولكنه لم يفقد أبداً شعوره بأنه في يوم ما سيعطي حساباً عن حياته للمسيح مثله مثل كل المؤمنين، حيث سيكون المسيح جالساً على العرش ليدين الشعوب، في هذا السياق كتب بولس في (٢كورنثوس ١٠-١١):

«**لأَنَّهُ لاَبُدَّ أَنَّنَا جَمِيعًا نُظْهَرُ أَمَامَ كُرْسِيِّ الْمَسِيحِ، لِيَنَالَ كُلُّ وَاحِدٍ مَا كَانَ بِالْجَسَدِ بِحَسَبِ مَا صَنَعَ، خَيْرًا كَانَ أَمْ شَرًّا. فَإِذْ نَحْنُ عَالِمُونَ مَخَافَةَ الرَّبِّ نُقْنِعُ النَّاسَ. وَأَمَّا اللهُ فَقَدْ صِرْنَا ظَاهِرِينَ لَهُ، وَأَرْجُو أَنَّنَا قَدْ صِرْنَا ظَاهِرِينَ فِي ضَمَائِرِكُمْ أَيْضًا**».

إن شعور بولس بمهابة المسيح هو سر قوة الإقناع الذي تميزت به رسالته.

عندما يبني شخص ما علاقته بزوجته على مهابة الرب وعندما تستجيب الزوجة بنفس الطريقة، فإن زواجهما سيتمم خطة الله المعلنة في الكتاب المقدس، فكل منهما سيضع نصب عينيه المسئولية الرهيبة التي يجب أن يتحملاها، فالزوج بسلوكه تجاه زوجته سيجعل هدفه هو أن يكون له نفس اتجاه المسيح نحو عروسه أي الكنيسة، والزوجة من الناحية الأخرى ستسعى لكي تتجاوب مع زوجها كما تتجاوب الكنيسة مع المسيح العريس. بالتأكيد سيكون هناك أخطاء وسقطات من كلا الجانبين، ولكن هذه الأخطاء ستعبر عندما يتوب كل منهما ويطلب غفران الطرف الآخر.

ستزيل مخافة الرب أي شعور بالإحباط وعدم الانسجام ـ وهو الأمر الموجود بالتأكيد في أي زواج ـ مثل النسمة الباردة في نهاية يوم حار ومليء بالأتربة، وسيجد كل من الزوج والزوجة شبعه في الأدوار المعطاة له من الرب وسيذوبا معاً في حالة الانسجام التي كانت في فكر الله عندما قال: «**ويكون الاثنان جسداً واحداً**».

الفصل السادس

السلطان الروحي للزواج المتجانس

عندما يعيش الرجل وزوجته معاً في انسجام حقيقي فهذه واحدة من أعظم البركات التي يهبها الله، ومع ذلك فإن الأمر أكبر من هذا بكثير، فهذه الحياة المنسجمة ما هى إلا مدخل نحو عالم السلطان الروحي الذي لا يصل إليه إلا القليل من المؤمنين.

رأينا بالفعل غرض الله من خلق زوجة لآدم، والآن سنعود مرة أخرى للوراء ونتأمل في هدف الله الأصلي من خلق الإنسان:

« **فَخَلَقَ اللهُ الإِنْسَانَ عَلَى صُورَتِهِ. عَلَى صُورَةِ اللهِ خَلَقَهُ. ذَكَراً وَأُنْثَى خَلَقَهُمْ. وَبَارَكَهُمُ اللهُ وَقَالَ لَهُمْ: «أَثْمِرُوا وَاكْثُرُوا وَامْلأُوا الأَرْضَ وَأَخْضِعُوهَا، وَتَسَلَّطُوا عَلَى سَمَكِ الْبَحْرِ، وَعَلَى طَيْرِ السَّمَاءِ، وَعَلَى كُلِّ حَيَوَانٍ يَدِبُّ عَلَى الأَرْضِ»**. (تكوين ١ : ٢٧ - ٢٨).

لم يعط الله السلطان على الأرض لآدم وحده، ولكنه تحدث لكلٌ من

آدم وحواء، فغرضه هو أن يحكم الرجل والمرأة معاً الأرض نيابة عنه.

أود أن ألفت انتباهك إلى أن أحد العناصر القوية في الحرب الروحية وممارسة السلطان هوتمتع الزوجين بالانسجام والوحدة، فما زالت هذه هى الطريقة التي يستخدمها الله لممارسة السلطان، فلا الرجل بمفرده ولا المرأة بمفردها ولكن الرجل والمرأة يتحدان معاً وفقاً للنموذج الذي وضعه الله للزواج، فيكون لهما امتياز ممارسة السلطان نيابة عن الله.

تتضح الأهمية الحيوية لهذا عندما ندرك أننا كمؤمنين نخوض بالفعل في صراع حياة أو موت مع قوات الشر غير المرئية التي تسعى لتدميرنا. يصف بولس هذا الصراع في (أفسس ٦ : ١٢):

« فَإِنَّ مُصَارَعَتَنَا لَيْسَتْ مَعَ دَمٍ وَلَحْمٍ، بَلْ مَعَ الرُّؤَسَاءِ، مَعَ السَّلاَطِينِ، مَعَ وُلاَةِ الْعَالَمِ، عَلَى ظُلْمَةِ هَذَا الدَّهْرِ، مَعَ أَجْنَادِ الشَّرِّ الرُّوحِيَّةِ فِي السَّمَاوِيَّاتِ.»

ثم يظهر بولس في (أفسس ٦ : ١٨) أن حلبة المصارعة هى الصلاة: « **مُصَلِّينَ بِكُلِّ صَلاَةٍ وَطِلْبَةٍ كُلَّ وَقْتٍ فِي الرُّوحِ**»، ففي تلك الحلبة يصبح الزوجان قوة لا تقهر حين يتوافر فيهما شرط أساسي هو الاتفاق.

صلاة الاتفاق

يوضح يسوع في (متى ١٨: ١٨ ـ ٢٠) كيف يمكن لنا نحن المؤمنين أن نصبح قوة لا تقاوم من خلال حياة الصلاة:

«اَلْحَقَّ أَقُولُ لَكُمْ: كُلُّ مَا تَرْبِطُونَهُ عَلَى الأَرْضِ يَكُونُ مَرْبُوطاً فِي السَّمَاءِ، وَكُلُّ مَا تَحُلُّونَهُ عَلَى الأَرْضِ يَكُونُ مَحْلُولاً فِي السَّمَاءِ. وَأَقُولُ لَكُمْ أَيْضاً: إِنِ اتَّفَقَ اثْنَانِ مِنْكُمْ عَلَى الأَرْضِ فِي أَيِّ شَيْءٍ يَطْلُبَانِهِ فَإِنَّهُ يَكُونُ لَهُمَا مِنْ قِبَلِ أَبِي الَّذِي فِي السَّمَاوَاتِ، لأَنَّهُ حَيْثُمَا اجْتَمَعَ اثْنَانِ أَوْ ثَلاَثَةٌ بِاسْمِي فَهُنَاكَ أَكُونُ فِي وَسَطِهِمْ».

إن الحد الأدنى للاتفاق في هذه الصلاة هو اثنان أو ثلاثة، فإذا توافر هذا العدد الأساسي فإن كل ما نربطه أو نحله على الأرض يكون مربوطاً أو محلولاً في السماء. ينطوي الفعل المستخدم في اليوناني على معنى «سيكون قد رُبط» أو «سيكون قد حُل»، لهذا يمكننا أن نقول أنه مهما كان ما نربطه أو نحله على الأرض فإنه سيربط أو يحل في السماء.

هذا أمر مثير لأنه يعني أن ما نقوله على الأرض يحدد ما يحدث في السماء! ربما نعتقد أننا ننتظر الله ليتحرك وهو الأمر الذي عادة

ما يكون حقيقياً ولكن هناك أوقات فيها ينتظرنا الله لكي نتحرك، وبهذا فإن الأخذ بزمام المبادرة يكون في أيدينا على الأرض، وحين تتوافر فينا الشروط فكل ما نعلنه بإيمان على الأرض يكون مؤثراً كما لو كان قراراً صادراً من السماء، وإن قلنا عن شيء ما على الأرض إنه «مربوط» عندها وفي نفس اللحظة يكون مربوطاً في السماء أو قلنا عن شيء ما على الأرض إنه «محلول» عندها وفي نفس اللحظة يُحل في السماء.

على سبيل المثال افترض أن زوجين مؤمنين لديهما إيمان بأن الله يدعوهما ليخدماه في دولة لا تفتح أبوابها للإنجيل ولا لأي شكل من أشكال الخدمة المسيحية، وتفشل كل محاولاتهما للحصول على تأشيرة دخول لتلك البلد ولا توجد أي إمكانية للتقدم فيما بعد للحصول على التأشيرة.

ثم يوجههما الروح القدس إلى رؤية يسوع على أنه: «**اَلْذِي لَهُ مُفْتَاح دَاوُدَ اَلْذِي يَفْتَحُ وَلَا أَحَد يَغْلِقُ وَيُغْلِقُ وَلَا أَحَد يَفْتَح**» (رؤيا ٣ : ٧). فيكرسان أنفسهما للصلاة متفقين معاً لكي يربطا القوى الروحية التي تعارض كل شهادة مسيحية في تلك الدولة التي يدعوهما الله لها، وأن يحلا التأشيرات التي يطلبانها.

في الشهور التالية يجتاز كل منهما في عملية الموت عن الذات، فيرفض الزوج عرضاً مغرياً لوظيفة هامة لأنها تتطلب منه التزاماً يستحيل معه السفر خارج الولايات المتحدة، وتوافق الزوجة على الانتقال لمسكن أصغر وأقل ملائمة لها حتى يمكنهما أن يوفرا المال لمصروفات الانتقال لتلك الدولة التي يشعران أن الله يدعوهما لها. وبعد عدة شهور بعدما يبدو وكأنهما فقدا كل أمل في استجابة الله لدعوته لهما مثلما حدث مع إبراهيم الذي: «**فَهُوَ عَلَى خِلاَفِ الرَّجَاءِ آمَنَ عَلَى الرَّجَاءِ...**» (رومية ٤ : ١٨)، يستمران في الصلاة.

فجأة يُعرض على الزوج وظيفة لإدارة مشروع في تلك الدولة التي دعاهما الله لها، فالباب الذي أُغلق أمامه كخادم مؤمن قد انفتح الآن على مصراعيه له لكي يكون مسئولاً عن ذلك المشروع التجاري الذي يمكن أن ينعش اقتصاد تلك الدولة التي دعاه الله لها.

على الرغم من أن هذه القصة توضح فعالية الصلاة باتفاق إلا أنها أيضاً مبنية على أكثر من اختبار لأكثر من زوجين مؤمنين.

لكن لابد وأن تتوافر فينا الشروط أولاً، وهي شروط ذات شقين.

في المقام الأول يجب أن نركز على يسوع نفسه، ففي (متى ١٨ : ٢٠) تقول الآية حرفياً: «**حَيْثُمَا اجْتَمَعَ اثْنَانِ أَوْ ثَلاَثَة**

مَعاً بِاسْمِي...» يسوع نفسه يجب أن يكون محور انتباهنا. فلا يمكن أن يكون أساس وحدتنا مجرد تعليم أو طائفة بل يجب أن يكون شخص يسوع نفسه وعمله.

مرة أخرى فإن الكلمة اليونانية التي تترجم إلى «اتفق» في (متى ١٨ : ١٩) هي كلمة «**sumphoneo**»، التي أُخذت منها الكلمة الانجليزية «سيمفونية» فيسوع لا يتحدث عن اتفاق تعليمي أو اتفاق فكري، ولكنه يتحدث عن شئ آخر أعمق وأسمى إنه يتحدث عن الانسجام الروحي، ويتطلب هذا شخصين أو أكثر متحدين في الروح لدرجة أنهما يفكران ويتحدثان ويصليان كما لو كانا شخصاً واحداً.

إن الوعود التي يقدمها يسوع لاثنين أو أكثر ممن يمكنهم الوصول إلى هذا النوع من الانسجام هي وعود مدهشة «**كُلّ مَا تَرْبطُونَهُ عَلَى الأَرْضِ يَكُون مَرْبُوطاً فِي السَمَاءِ. وَكُلّ مَا تَحلُونَهُ عَلَى الأَرْضِ يَكُون مَحْلُولاً فِي السَمَاءِ**» كما رأينا. ومرة أخرى: «**إِنْ اتَفَقَ اثْنَانِ مِنْكُم عَلَى الأَرْضِ فِي أَي شَئٍ يَطْلُبَانَهُ فَأَنَّهُ يَكُون لَهُمَا مِنْ قِبَلِ أَبِي الَذي فِي السَمَوات**». هذه بالفعل مواعيد رائعة لأن ما نقوله على الأرض يحدد فعلياً ما يحدث في السماء كما قلت من قبل.

ربما تسأل: «كيف يمكن أن يكون هذا؟» دعني أعرض عليك ما توصلت إليه، الشخص الوحيد الذي يمكن أن يجمع اثنين معاً في انسجام تام هو الروح القدس ويمكنه أن يفعل هذا فقط لهؤلاء الذين يخضعون له بالكامل، فحقيقة أن الاثنين يمكن أن يصلا لهذا الانسجام تُعَدُّ دليلاً على أنهما يخضعان تماماً للروح القدس، وهذا يعني أنهما يصليان بانسجام لا مع بعضهما البعض فقط ولكن مع الله أيضاً، على هذا الأساس يكرس الله نفسه لكي يسمع صلواتهما ويستجيب لها.

إن الانسجام الحقيقي ليس بالشئ الذي يسهل الوصول له، فأنت تعرف الإزعاج الذي قد يتسبب فيه شخصان يرنمان معاً دون انسجام في أدائهما، فلا شك أن صوتهما سيكون مزعجاً جداً، فماذا عن الزوجين اللذيْن يمكن أن نقول أنهما يشعران ببعض الانسجام ولكنه ليس انسجاماً تاماً عندما يصليان؟ كيف سيبدو صوتهما في أذن الله؟ الله يتحمل بصبر مثل تلك الصلوات ولكنه لا يكرس نفسه لكي يستجيب لها.

إن مفتاح السلطان الروحي في الصلاة هو الانسجام بين الذين يصلون معاً، فربما يكون هناك شخصان أو أكثر من المؤمنين غير

المتزوجين يصلون معاً، ولكن تحدي الصلاة معاً في انسجام تام هو تحدٍ يواجه الزوجين المؤمنين بصفة خاصة.

مَرَّ وقتٌ كنت أنا و«روث» نتعرض فيه لبعض الضغوط الشديدة، قال لنا أحد الإخوة الأعزاء وهو خادم ناضج: «أنا مقتنع أن سر نجاح خدمتك هو انسجامكما معاً، فلهذا لا تسمحا لأي شئ أن يفسد هذا الانسجام».

ليس من السهل أن تصل لمثل هذا النوع من الانسجام والتوافق، فهناك ثمن لابد أن تدفعه، فالانسجام لا يحدث إلا لهؤلاء الذين هم على استعداد أن يضعوا حياتهم لأجل الرب ولأجل بعضهما البعض.

ولا يمكن للطبيعة الجسدية القديمة أن تصل إلى الانسجام الحقيقي حتى مع نفسها. لا يوجد سوى حل واحد فقط هو إماتة تلك الطبيعة القديمة، ولكن شكراً لله لأن الموت حدث منذ ألفي عام مضت عندما مات يسوع على الصليب. كتب بولس في (رومية ٦ : ٦) «**عالمين هذا أن إنساننا العتيق قد صُلب معه**» ويواصل في آية ١١ قائلاً أنه يجب أن «**احْسِبُوا أَنْفُسَكُمْ أَمْوَاتاً عَنِ الْخَطِيَّةِ وَلَكِنْ أَحْيَاءً لِلَّهِ بِالْمَسِيحِ يَسُوعَ رَبِّنَا.**».

القرار لك

تواجه ضرورة الموت عن الطبيعة الجسدية كلاً منا بسؤال شخصي هو: هل أرغب في الموت عن ذاتي؟ هل أنا مستعد لكي أصل لمرحلةٍ يمكنني فيها أن أطبق على نفسي كلمات الرسول بولس في (غلاطية ٢: ٢٠):

«مَعَ الْمَسِيحِ صُلِبْتُ، فَأَحْيَا لاَ أَنَا بَلِ الْمَسِيحُ يَحْيَا فِيَّ. فَمَا أَحْيَاهُ الآنَ فِي الْجَسَدِ فَإِنَّمَا أَحْيَاهُ فِي الإِيمَانِ، إِيمَانِ ابْنِ اللهِ، الَّذِي أَحَبَّنِي وَأَسْلَمَ نَفْسَهُ لأَجْلِي.»

عندما نفهم الصليب بهذه الطريقة يصبح هو الباب المؤدي إلى حياة يسودها انسجام حقيقي بين الزوج وزوجته، لأنه على أية حال لن يكون المسيح الذي يحيا في الزوج بلا انسجام مع المسيح الذي يحيا في الزوجة.

الأكثر من هذا أن السلطان الروحي الذي نناله من خلال الصليب يمكننا من الحصول على إستجابة لصلوات تبدو مستحيلة تماماً، حيث يقول الرب:

«إن اتفق اثنان منكم على الأرض في أي شئ يطلبانه فإنه يكون لهما من قبل أبي الذي في السموات.»

لن يرفض الله الصلاة التي نصليها بناء على الانسجام الحقيقي.

ولكن هذا النوع من الإنسجام لا يأتي إلا من خلال الصليب سواء في الزواج أو في أي علاقة شخصية أخرى، لأن الباب .. هو الصليب!

الفصل السابع

إعلان اللّٰه الأساسي

الحقيقة الجوهرية الكامنة وراء كل الحقائق الأساسية هى أن اللّٰه خلق الكون بصفته أباً، وقد ترك بصمة الأب على كل جانب من جوانب الخليقة

« بِسَبَبِ هَذَا أَحْنِي رُكْبَتَيَّ لَدَى أَبِي رَبِّنَا يَسُوعَ الْمَسِيحِ، الَّذِي مِنْهُ تُسَمَّى كُلُّ عَشِيرَةٍ فِي السَّمَاوَاتِ وَعَلَى الأَرْضِ».

(أفسس ٣ : ١٤ ـ ١٥).

الكلمة التي تترجم هنا إلى «عشيرة» هى كلمة «**patria**»، المأخوذة من كلمة «**pater**»، وهى الكلمة اليونانية التي تعني «أب»، لهذا فإن معظم الترجمات المباشرة تكون: «**أحني ركبتي لدى أبي ربنا يسوع المسيح الذي منه تُسمى كل أبوة في السموات وعلى الأرض**».

يا لها من حقيقة جديرة بالتأمل! فكل أبوة في الكون لم تبدأ

على الأرض ولم تبدأ حسب توقيتٍ بشري، بل بدأت في السماء، وحتماً فإنها تعود بجذورها إلى أبوة الله.

الله الأبدي هو أبو ربنا يسوع المسيح، وهو الذي يوصف بهذه الصفة في مواضع كثيرة من الكتاب المقدس، فالعلاقة الحميمة والشخصية بين الآب وابنه موجودة قبل بدء الخليقة.

يخبرنا (يوحنا ١ : ١):

«فِي الْبَدْءِ كَانَ الْكَلِمَةُ، وَالْكَلِمَةُ كَانَ عِنْدَ اللّٰهِ، وَكَانَ الْكَلِمَةُ اللّٰهَ.»

تكشف هذه الحقيقة شيئاً فريداً ومميزاً فيما يختص بطبيعة الله، ففي طبيعة الله لم توجد الأبوة فقط ولكن توجد أيضاً العلاقة.

تكشف (١يوحنا ٤ : ١٦) عن حقيقة أخرى فيما يتعلق بطبيعة الله الأبدية ألا وهى «الله محبة»، فإن وضعنا هذه الحقيقة جنباً إلى جنب مع حقيقة أبوة الله؛ نصل إلى خلاصة رائعة تؤدى بنا إلى أن الله كأب خلق الكون بمحبته، ونجد أن الكون الذي خلقه الله هو تعبير عن محبته الأبوية وإظهار لها وهذا ما تشهد به كل التفاصيل مهما كانت بسيطة في هذا الكون.

كل الخليقة تتجاوب مع الآب

لكل مخلوق من مخلوقات الله طريقته في التجاوب مع محبة الله، فالأجسام السماوية تتحرك في انسجام مع الخالق:

« صَنَعَ الْقَمَرَ لِلْمَوَاقِيتِ. الشَّمْسُ تَعْرِفُ مَغْرِبَهَا.»

(مزمور ١٠٤ : ١٩)

تجيب النجوم عندما يدعوها الله بأسمائها:

« يُحْصِي عَدَدَ الْكَوَاكِبِ. يَدْعُو كُلَّهَا بِأَسْمَاءٍ.»

(مزمور ١٤٧ : ٤).

رغم أن عدد النجوم والكواكب في سماء الكون تقدر بالمليارات؛ إلا أن الله يعرف كل واحدٍ منها بكل ما فيه وما عليه بشكل دقيق وكامل، أليست هذه حقيقة مدهشة بالفعل.

لا يهم كم تبدو العناصر مضطربة ومتمردة في بعض الأحيان إلا أنها دائماً تطيع خالقها: **«النَّارُ، وَالْبَرَدُ، الثَّلْجُ، وَالضَّبَابُ، الرِّيحُ الْعَاصِفَةُ الصَّانِعَةُ كَلِمَتَهُ»**. (مزمور ١٤٨ : ٨).

وينطبق نفس الأمر على مملكة الحيوانات:

« الأَشْبَالُ تُزَمْجِرُ لِتَخْطُفَ، وَلِتَلْتَمِسَ مِنَ اللهِ طَعَامَهَا.»

(مزمور ١٠٤ : ٢١).

إعلان الله الأساسي

ويصف كاتب المزامير:

«هَذَا الْبَحْرُ الْكَبِيرُ الْوَاسِعُ الأَطْرَافِ. هُنَاكَ دَبَّابَاتٌ بِلاَ عَدَدٍ. صِغَارُ حَيَوَانٍ مَعَ كِبَارٍ. ...كُلُّهَا إِيَّاكَ تَتَرَجَّى لِتَرْزُقَهَا قُوتَهَا فِي حِينِهِ.»

(مزمور ١٠٤ : ٢٥، ٢٧).

أما فيما يتعلق بالطيور فيخبرنا يسوع:

«وَأَبُوكُمُ السَّمَاوِيُّ يَقُوتُهَا.» (متى ٦ : ٢٦).

ويقول في (متى ١٠ : ٢٩):

«أَلَيْسَ عُصْفُورَانِ يُبَاعَانِ بِفَلْسٍ، وَوَاحِدٌ مِنْهُمَا لاَ يَسْقُطُ عَلَى الأَرْضِ بِدُونِ أَبِيكُمْ؟»

وفي (لوقا ١٢ : ٦) يقول يسوع:

«أَلَيْسَتْ خَمْسَةُ عَصَافِيرَ تُبَاعُ بِفَلْسَيْنِ، وَوَاحِدٌ مِنْهَا لَيْسَ مَنْسِيّاً أَمَامَ اللهِ؟».

إذا كان عصفوران يباعان بعملة نحاسية واحدة، وخمسة عصافير باثنين، أي أنك تحصل على العصفور الخامس مجاناً، ومع ذلك فالله مهتم بهذا العصفور أيضاً.

لا يوجد مخلوق لا يوليه الله اهتماماً خاصاً، فإن محبته الأبوية تشمل كل مخلوق في الكون.

يحكي المبشر «دوايت مودي» من القرن التاسع عشر عن كيف بدا العالم له بعدما قبل المسيح كمخلص:

«أتذكر ذلك الصباح الذي أتيت فيه إلى حجرتي بعدما سلمت حياتي للمسيح ووثقت فيه، فقد اعتقدت أن السماء القديمة أشرقت بمزيد من البريق أكثر من ذي قبل، وكأنها تبتسم لي، وفيما أسير بجوار «Boston Common» وأسمع الطيور تُغرد على الأشجار حسبت أنها تغني لي، أشعر وكأنني وقعت في حب هذه الطيور، لم أهتم بها من قبل، وأحسست كأنني أحب كل الخليقة»

لقد أصبح الخالق العظيم أباً لمودي، وأعطى ابنه المولود حديثاً لمحات عن كيفية رؤية الله للعالم الذي خلقه، أن كل الخليقة كما رآها مودي تسبح في محبة خالقها اللانهائية.

هناك فئتان فقط من مخلوقات الله تشعر بالغربة ولا تتجاوب مع محبة الله، وهما الشيطان والملائكة المتمردة، والبشرية الساقطة الخاطئة، فقد تمرد الشيطان وملائكته بشكلٍ أغلق أي باب للمصالحة ولكن الله أرسل ابنه يسوع لكي يصالح الإنسان الساقط معه.

كيف أظهر يسوع الآب

أرسل الآب يسوع لكي يتمم أمرين، الأول سلبي والثاني إيجابي، وقد كان الهدف السلبي من وراء إرسال يسوع هو دفع أجرة خطايانا حتى نحصل على الغفران والمصالحة مع الله، أما الإيجابي فهو أن يعلن الله كأب وأن يجعلنا أعضاءً في عائلته.

ولكن التعليم والوعظ في بأغلبه يدور حول الجزء الأول المتعلق بموت يسوع من أجل خطايانا، جيدٌ أن نؤكد على هذا الهدف، فهو الخطوة الأولى الأساسية، ولكن يجب ألا يكون هذا على حساب الهدف الثاني وهو إعلان الله كأب وأن جعلنا أعضاء في عائلته.

في (يوحنا ١٧) صلى يسوع ما أطلق عليه صلاته الكهنوتية نيابة عن تلاميذه، وفي الواقع كانت هذه الصلاة هى آخر اتصال شخصي معه قبل القبض عليه ومحاكمته وصلبه، وفي بداية الصلاة ونهايتها أكد يسوع على أنه أعلن اسم الله لتلاميذه:

«**أَنَا أَظْهَرْتُ اسْمَكَ لِلنَّاسِ الَّذِينَ أَعْطَيْتَنِي مِنَ الْعَالَمِ.**» (يوحنا ١٧ : ٦)، «**وَعَرَّفْتُهُمُ اسْمَكَ، وَسَأُعَرِّفُهُمْ، لِيَكُونَ فِيهِمُ الْحُبُّ الَّذِي أَحْبَبْتَنِي بِهِ، وَأَكُونَ أَنَا فِيهِمْ.**» (يوحنا ١٧ : ٢٦).

إعلان الله الأساسي

ما هو الاسم الذي أظهره يسوع لتلاميذه؟ حتماً لم يكن ذلك الاسم المهوب يهوه، حيث أن اليهود قد عرفوا هذا الاسم منذ أربعة عشر قرناً، وإنّما هو اسم جديد، وقد أشار إليه العهد القديم ولكن لم يعلنه صراحةً، كان هذا الاسم هو الآب، فوصف يسوع الله كأب ست مرات في هذه الصلاة وقال: «أظهرت اسمك».

يعرف «قاموس وبستر» الفعل أظهر على أنه «يجعله واضحاً أو أكيداً بأن يعرضه أو يظهره»، ولم يقدم يسوع لتلاميذه تعريفاً لاهوتياً عن الله فقط، ولكنه أظهر الله كأب من خلال الطريقة التي عاش بها حياته أمامهم، وهي حياة لشركة لم تنكسر مع الله وبطاعة كاملة له، فلم يروا أي شخص يعيش مثل هذه الحياة.

قال يسوع في (يوحنا ١٤: ٦). وهو يتحدث عن الهدف من مجيئه للأرض: «أَنَا هُوَ الطَّرِيقُ وَالْحَقُّ وَالْحَيَاةُ...»، تثير هذه الكلمات سؤالاً هاماً هو: إن كان يسوع هو الطريق، فإلى أي شئ يؤدي؟ إن الطريق ليس بالشيء الكامل في ذاته، فهو يقود إلى مكان ما، إذن ما هى هذه النقطة النهائية؟ إن الكلمات التي تختتم بها هذه الآية تقول: «لَيْسَ أَحَدٌ يَأْتِي إِلَى الآبِ إِلاَّ بِي.» (يوحنا ١٤: ٦).

٨٣

إعلان الله الأساسي

إننا نتحدث كثيراً عن الرب يسوع المسيح كمخلص وشفيع ووسيط وهكذا، وكل هذا رائع، ولكنه لا يتمم هدف يسوع الأساسي وهو أن يأتي بنا إلى الآب.

في هذا الإطار هناك فرق بين الإعلان الذي قدمه الله من خلال أنبياء العهد القديم والإعلان الذي قدمه من خلال يسوع في العهد الجديد، فيقول كاتب العبرانيين في (عبرانيين ١ : ١ - ٢) :

«اَللهُ، بَعْدَ مَا كَلَّمَ الآبَاءَ بِالأَنْبِيَاءِ قَدِيماً، بِأَنْوَاعٍ وَطُرُقٍ كَثِيرَةٍ، كَلَّمَنَا فِي هَذِهِ الأَيَّامِ الأَخِيرَةِ فِي ابْنِهِ ـ الَّذِي جَعَلَهُ وَارِثاً لِكُلِّ شَيْءٍ، الَّذِي بِهِ أَيْضاً عَمِلَ الْعَالَمِينَ.»

ولكن لو أردنا أن نترجم هذه الآيات حرفياً فستترجم أن الله «كلمنا في هذه الأيام في ابن..»

فالنقطة التي يريد الكاتب أن يلقي عليها الضوء هي أن الله لم يضف رسالة إلى أنبياء العهد القديم من خلال خدمة يسوع، بل يعلن أن يسوع رسول بطريقة مختلفة، فلم يكن مجرد نبي، ولكنه أيضاً ابن، فقد أتى بالإعلان الذي لا يستطيع إلا الابن فقط أن يأتي به، وهو إعلان الآب.

يؤكد يسوع نفسه في (متى ١١ : ٢٧) على أنه الشخص الوحيد الذي يمكنه أن يأتي بإعلان الله كأب:

«كُلُّ شَيْءٍ قَدْ دُفِعَ إِلَيَّ مِنْ أَبِي، وَلَيْسَ أَحَدٌ يَعْرِفُ الابْنَ إِلاَّ الآبُ، وَلاَ أَحَدٌ يَعْرِفُ الآبَ إِلاَّ الابْنُ وَمَنْ أَرَادَ الابْنُ أَنْ يُعْلِنَ لَهُ.»

فوائد معرفة الآب

عندما نأتي إلى ملء إعلان الله كأب، نجده ينطوي على خمس فوائد يفتقر إليها معظم الناس بما في ذلك كثير من المؤمنين.

١. الهوية

يواجه الإنسان الحديث مشكلة حقيقية مع الهوية، فمن الواضح أن أحد أنجح الكتب والمسلسلات التليفزيونية في أمريكا في السبعينات هو «الجذور» «Roots» وهي قصة أحد الأفارقة الأمريكيين الذي يبحث عن المكان الذي أتى منه.

يتفق كل من الكتاب المقدس وعلم النفس على أن الشخص لا يمكن أن يجيب بالكامل على سؤال: «من أنا؟» دون أن يعرف أو تعرف من هو أبيه أو أبيها، وبما أن العلاقة بين الأبوين والأطفال منهارة في الجيلين الأخيرين فإن مجتمعنا المعاصر يعاني من أزمة

هوية، فهناك كثيرون بلا جذور، وليس لديهم أي شعور بالانتماء.

إن إجابة المسيحية عن أزمة الهوية هى أنها تأتي بالرجال والنساء إلى علاقة شخصية ومباشرة مع الله من خلال يسوع المسيح الابن، فمن يعرفون الله كآب ليس لديهم مشكلة هوية، فهم يعرفون من هم، إذ أنهم أولاد الله، وأبوهم خلق الكون، وأبوهم يحبهم ويهتم بهم، وينتمون إلى أفضل أسرة في الكون!.

٢. قيمة الذات

لا يمكنني أن أحصي عدد الناس الذين تكلمت معهم ممن كانت مشكلتهم الأساسية أنهم لا يقدرون أنفسهم حق قدرها، فهم يعانون من الضآلة في عين أنفسهم، مما يسبب لهم أحزان عاطفية وروحية كثيرة، وعندما أقدم المشورة لمثل هؤلاء أوجههم إلى (١يوحنا ٣ : ١).

« أُنْظُرُوا أَيَّةَ مَحَبَّةٍ أَعْطَانَا الآبُ حَتَّى نُدْعَى أَوْلاَدَ اللهِ! »

بمجرد أن نعي أننا أولاد الله وأن الله يحبنا جداً وبصفة شخصية لدرجة أنه مهتم بأدق التفاصيل التي تشغلنا، وأنه لم يكن أبداً منشغلاً عنا، وأنه يرغب في تكوين علاقة شخصية ومباشرة معنا، عندها نكتشف قيمتنا. لقد رأيت هذا التحول يحدث في حياة كثيرين.

٣. إدراك وجود بيت في السماء

منذ أن عرفت المسيح وخلصت آمنت بأنه لو واصلت حياتي أميناً للرب سأذهب إلى السماء عندما أموت، ولكني لم أفكر أبداً في السماء على أنها وطن لي، ثم في عام ١٩٩٦ زارني الرب، ومن خلال هذه الزيارة المهيبة عرفت الرب بطريقة شخصية ومباشرة كأب، ومنذ ذلك الحين أصبحت أرى السماء على أنها موطني، وبعد ذلك بفترة قصيرة قلت لروث: «إن أردت أن تضعي شاهداً على قبري بعدما أموت فلا تكتبي عليه سوى هذه العبارة: «ذهب إلى موطنه»».

وبدأت أفكر في المتسول الفقير الذي كان يقف خارج بيت الغني، وعندما مات: «**وَحَمَلَتْهُ الْمَلاَئِكَةُ إِلَى حِضْنِ إِبْرَاهِيم**» (لوقا ١٦ : ٢٢)، لا شك أن ملاكاً واحداً يستطيع حمل هذه البنية الهزيلة ولكن الله أرسل موكباً من الملائكة! حظّي هذا المتسول الفقير باستقبال ملكي لدى وصوله إلى حضن إبراهيم، أعتقد أن الأمر سيكون هكذا بالنسبة لكل ابن من أبناء الله، فالرب لديه موكب من الملائكة المستعدين لحمل كل منا إلى منزله الأبدي.

في وقت ما تعرفت أنا و «روث» على أخت فاضلة من هاواي (سنطلق عليها اسم ماري) خدمت الرب بأمانة لعدة سنوات، وكانت تقول لأصدقائها: «لم أر ملاكاً من قبل، أريد أن أرى ملاكاً»

وعندما كانت ترقد ماري على فراش الموت بسبب السرطان، رأت كنيستها أن من الضروري وجود أخت مؤمنة بجوار فراشها بشكل دائم، وذات يوم أشع وجه ماري بمجد الله، فمدت ذراعها وقالت: «إني أراهم، أرى الملائكة!» وعندها ذهبت، فقد حملها موكب الملائكة إلى منزلها السماوي.

ذات يومٍ علم چون ويسلي بموت أخت مؤمنة كان يعرفها، فأجاب: «هل مضت بمجد أم بسلام فقط؟». **أعتقد أن الله لديه موكب من الملائكة مستعد أن يحمل كل واحدٍ من أولاده إليه بمجد من أولاده إلى الله في مجده.**

٤. الأمان التام

ما هو أصل الكون من وجهة نظرنا؟ هل هو ذلك الإنفجار العظيم الذي يروّج له معظم العلماء اليوم؟ إذا كان الأمر كذلك فمن ذا يستطيع الجزم أن لا يأتي إنفجار آخر ويمحونا جميعاً من هذا الوجود!

وهل الذي بدأ الحياة هو إنفجار لبعض القوى الجامدة التي بلا روح وبلا مشاعر، ولا تتحرك نحو هدف محدد؟ أم أن الذي بدأها ولا زال يُمسك بزمامها هو إله أب؟

ستصبح شخصاً مختلفاً في اللحظة التي تدرك فيها الحقيقة الخاصة بأن أبوة الله وراء كل حياة في الوجود.

في إحدى المدن الكبيرة المهجورة، وفي واحدة من ليالي الشتاء القاسية كانت الرياح تعصف في الشوارع الواسعة مفرغة إياها من البشر لتملأها بالسكون والخوف والبرودة، وكان أحد أصدقائي يهيم في هذه المدينة لا يعلم كيف يصل إلى المكان الذي يجب أن يأوى إليه، وعندما شعر بالضياع والوحدة وقف في أحد الميادين صارخاً من قلب الريح والبرد والظلمة المرعبة موجهاً نداءه إلى الله: أبي... أبي...

وعندما فعل هذا شعر بالأمان، وعلى الرغم من أن كل شئ كان بارداً وكئيباً من حوله إلا أنه عرف أنه ابن لله في الكون الذي خلقه الله لأجل أولاده، ووجد طريقه بسلام إلى المكان الذي كان من المفترض أن يذهب إليه.

تَخَيَّل طفلاً تحوطه ذراعا والده، ووجهه يستند على كتف أبيه في أمان، ربما يكون هناك اضطراب واكتئاب في كل شئ من حوله، وربما

يبدو وكأن العالم ينهار من حوله، ولكن هذا الطفل يشعر بسلام ولا يهتم بما يحدث من حوله، فهو يشعر بالأمان بين ذراعي والده.

هكذا نحن أيضاً محاطون بذراعي أبينا بمنتهى الأمان، فقد أكد لنا يسوع أن الآب أعظم من كلٍّ ما يحيط بنا وأنه لا يمكن لأحد أن يخطفنا من يده.

وقد أكد يسوع هذا لتلاميذه حين قال:

«لاَ تَخَفْ أَيُّهَا الْقَطِيعُ الصَّغِيرُ، لأَنَّ أَبَاكُمْ قَدْ سُرَّ أَنْ يُعْطِيَكُمُ الْمَلَكُوتَ.» (لوقا ١٢ : ٣٢).

ربما نكون مجرد قطيع صغير تحيط بنا الحيوانات المفترسة من كل جانب، ولكن بما أن أبانا تعهَّد بأن يعطينا الملكوت فلا يمكن لأي قوة في الكون أن تمنعه عنا!.

٥. الدافع للخدمة

يحذرنا بولس في (فيلبي ٢ : ٣) بوصفنا خداماً:

«لاَ شَيْئاً بِتَحَزُّبٍ أَوْ بِعُجْبٍ»

على مر السنين لاحظت أن المشكلة الدائمة والمسيطرة في الكنيسة هي الطموح الشخصي لدى من يعملون في حقل الخدمة،

والتي تظهر نفسها في شكل منافسة مع الخدام الآخرين، دعني أضيف أني لاحظت هذا في حياتي.

فعادة ما نرتكب خطأ الربط والمساواة بين الشعور بالأمان والنجاح، فلو أنني بنيت كنيسة أكبر أو عقدت اجتماعاً أكبر أو حصلت على قدر أكبر من الأسماء في قائمة مراسلاتي فأنا بذلك في أمان. وهذا خداع، **فالحقيقة هى أنه كلما رغبنا في النجاح الشخصي شعرنا بالأمان بدرجة أقل**، فنحن مهددون باستمرار بسبب إمكانية قيام شخص آخر ببناء كنيسة أكبر أو عَقْد اجتماع أضخم أو أن يحصل على أسماء أكثر في قائمة مراسلاته.

لقد وجد النموذج الكامل في يسوع الذي قال:

« وَالَّذِي أَرْسَلَنِي هُوَ مَعِي، وَلَمْ يَتْرُكْنِي الآبُ وَحْدِي لأَنِّي فِي كُلِّ حِينٍ أَفْعَلُ مَا يُرْضِيهِ». (يوحنا ٨ : ٢٩).

لم أعد أتحرك بسبب الطموح الشخصي، فقد اكتشفت دافعاً أجمل وأكثر نقاوة وهو ببساطة أن أرضي أبي، فأدرب نفسي على التعامل مع كل موقف وقرار من خلال الإجابة على سؤال بسيط هو: كيف يمكنني أن أرضي أبي؟ في بعض الأوقات عندما أشعر بالإحباط أو يبدو أنني فشلت، أجتهد أن أحول اهتمامي من محاولة

حل المشكلة إلى الحفاظ على قناعتي بأن هذا ما يرضي الله (أبي).

كخدامٍ للمسيح يمكننا أن نمنع نيران المنافسة من الاشتعال فيما بيننا، إن كان دافعنا هو الرغبة النقية في إرضاء أبينا، فالانسجام ووحدة الهدف يمكن أن تنحى جانباً الصراعات وطلب المجد الذاتي.

كل هذا متاح لنا من خلال معرفة الله كأب لنا، فإن كنا قد وجدنا يسوع على أنه الطريق فلنا أن نفرح، ولكن دعونا لا نكتفي بالاستمرار في السير في الطريق دون الوصول إلى هدفنا الأسمى المتمثل في معرفة الله كأب، لأننا إن فقدنا هذا فسيصبح إرسال الله ليسوع قد فقد هدفه الرئيسي.

يقودنا إعلان الله على أنه أبونا السماوي للموضوع التالي وهو: كيف يمكن للآباء من البشر أن يمثلوا أبوة الله في بيوتهم؟

الفصل الثامن

الأب ككاهن

لا يقدم الله مجرد كلمات على ورق ولكنه يعلن الحق في الأشخاص، فلدينا الكتاب المقدس ونشكر الله على الكلمة المكتوبة، ولكن يسوع قال: «أنا هو الحق». كثيرون يعترفون أن الحق المطلق لن يشبعنا أبداً، فما يشبعنا هو الحق متجسداً، لذا فنحن لا نتعامل مع أمور نظرية ولكن مع شخص.

عندما كنت متخصصاً في الفلسفة، انغمست في كل أنواع النظريات المثيرة عن الحياة والتي تهدف إلى الحياة المثالية كما تصورها «أفلاطون»، وكانت المشكلة أنني لا أستطيع أن أحيا في جو بهذا النقاء لوقت طويل، فكنت أقضي نصف الأسبوع تقريباً في تلك المنطقة المرتفعة الخاصة «بالأفكار النظرية»، ونصف الأسبوع الآخر كنت على الأرض أحيا بطريقة جسدية للغاية، ولم أشعر إطلاقاً بالراحة أو الشبع لأن الحق المجّرد لن يشبعنا. لكن عندما تقابلت مع يسوع عرفت أني إلتقيت بالحقيقة في شخصه، وهذا

أشبعني لأنه لم يعد هناك حق مجّرد أعجز عن ممارسته

كنت متأكداً أن الله يطلب من كل أب أن تكون شخصيته تعبيراً حقيقياً عن الإعلان الأساسي للكتاب المقدس والمتمثل في الأبوة، فأن تكون أباً حقيقياً هى الصورة الكاملة لله التي يمكن لأي رجل أن يصل إليها لأن هذا هو إعلان الله نفسه. في الواقع فإن كل أب ممثل عن الله في عائلته، فالأمر ليس اختياراً! ولكن السؤال هو: هل أنت كأب تمثل الله بطريقة صحيحة أم بطريقة خاطئة؟

إن أخطر لعنة في عصرنا الحالي تتجسد في الآباء الذين يمثلون الله بطريقة خاطئة. أتذكر أني سمعت عن رجل كان يكرز بالمسيح في لمجموعة من الشباب والشابات وشابات، وقال لأحد الشباب: «الله يريد أن يكون أباك»، فأجاب الشباب: «أبي هو أكثر شخص أكرهه في الحياة»، فبدلاً من أن يكون أبوه صورة مشجعة أصبح أبوه حجر عثرة! نعرف جميعاً آباء بهذا الشكل!

دعونا نواصل التعمق في معنى أن تكون أباً:

« **وَلَكِنْ أُرِيدُ أَنْ تَعْلَمُوا أَنَّ رَأْسَ كُلِّ رَجُلٍ هُوَ الْمَسِيحُ. وَأَمَّا رَأْسُ الْمَرْأَةِ فَهُوَ الرَّجُلُ. وَرَأْسُ الْمَسِيحِ هُوَ اللهُ.** » (١ كورنثوس ١١ : ٣).

يمكننا التعبير عن التسلسل التنازلي للسلطة من خلال هذا الشكل:

في هذه السلسلة نجد شخصين لهما علاقة لأسفل ولأعلى، فالمسيح له علاقة لأعلى مع الآب ولأسفل مع الزوج، والزوج له علاقة لأعلى مع المسيح ولأسفل مع زوجته وضمنياً مع عائلته.

فبنفس الطريقة التي يمثل بها المسيح الله للزوج، هكذا يكون الزوج مسئولاً عن أن يمثل المسيح لعائلته، ويا له من تصنيف وظيفي للأب!

أعتقد أن هناك ثلاث خدمات أساسية للمسيح يجب أن يمثلها الأب لعائلته وهي: الكاهن والنبي والملك، وفي هذا الفصل والفصلين التاليين سنتأمل في كل من هذه الوظائف بالترتيب.

سيحدد نجاح الأب ككاهن نجاحه كنبي وكملك، فلو نجح ككاهن، فأغلب الظن أنه سينجح في الخدمتين الأخرتين ولكن إن لم يفهم كيف يكون كاهناً في عائلته فسيكون من الصعب أن يصير نبياً وملكاً.

بداية دعونا نتفق على أن «التضحية» هي الكلمة المفتاحية بالنسبة للكهنوت، ووفقاً للنموذج الكتابي فالكاهن فقط هو الذي يمكنه تقديم ذبيحة، لهذا فإن الأب ككاهن عليه القيام بتلك المهمة المقدسة وهي تقديم الذبائح نيابة عن عائلته.

فيما يلي أربع وسائل كتابية يمكن للأب من خلالها أن يقدم ذبيحة نيابة عن عائلته:

١. تقديم الشكر.

٢. التشفع.

٣. إعداد الطريق للخلاص.

٤. ممارسة الإيمان لصالح أولاده.

١. تقديم الشكر

نجد خدمتنا الأولى ككهنة في العهد الجديد واضحة في (عبرانيين ١٣ : ١٥).

«**فَلْنُقَدِّمْ بِهِ فِي كُلِّ حِينٍ لِلَّهِ ذَبِيحَةَ التَّسْبِيحِ، أَيْ ثَمَرَ شِفَاهٍ مُعْتَرِفَةٍ بِاسْمِهِ.**»

هناك ترجمة بديلة «ثمر شفاه» «تقديم الشكر لاسمه» مما يشير إلى أن ثمر الشفاه هو «الاعتراف باسمه» (ترجمة NIV). فقمة البركة الكهنوتية لهارون ونسله هى أمر الله لهم أن ينطقوا أمام بني إسرائيل المجتمعين أمامهم بهذه الكلمات :

«**فَيَجْعَلُونَ اسْمِي عَلَى بَنِي إِسْرَائِيلَ وَأَنَا أُبَارِكُهُمْ**». (عدد ٦ : ٢٧).

إن صلوات التسبيح والشكر هما من أكثر الصلوات فعالية في إطار التشفع لأجل الأخرين فعندما نضع اسم يسوع على هؤلاء الذين نصلي لأجلهم فإننا نتضرع لكي تأتي بركات الله عليهم.

يدرك القليلون منا كم نرفع من معنويات الناس عندما نسبح الله ببساطة لأجلهم، وهذا جزء أساسي من خدمتنا كمتشفعين.

ربما سمعنا عن رجل عُرف باسم «هايد المصلي»، كان مرسلاً مؤثراً في البنجاب في الهند في القرن الماضي عندما كانت الهند لا تزال تحت الحكم البريطاني، وكانت خدمة هايد هي الصلاة، فأي شئ آخر يفعله كان ثانوياً.

في مرحلة مبكرة مَرّ عليه كارز هندي اعتبره شخصاً بارداً وغير فعال، وعندما بدأ يصلي لأجل هذا الرجل قال: «يا رب أنت تعرف كيف...»

وكان سيواصل قائلاً: «كم أن الأخ فلان الفلاني بارد»، ولكن الروح القدس أوقفه مذكراً إياه بكلمات (أمثال ٣٠: ١٠): «**لَا تَشْكِ عَبْداً إِلَى سَيِّدِهِ**».

فغير الأخ هايد أسلوبه، وبدأ يفكر في كل شئ جيد في حياة هذا الرجل ويشكر الله لأجله، وفي خلال شهور قليلة كان هذا الرجل كارزاً ناجحاً وبارزاً. ما الذي غيره؟ ليس إدانته في الصلاة، ولكن لأنه كان موضوعاً للشكر.

أود أن أقول إنه على الأزواج والآباء أن يقضوا الكثير من الوقت ليشكروا الله لأجل عائلاتهم لأنهم عندما يفعلون هذا يخلقون لعائلاتهم مناخاً يسهِّل عليهم النجاح.

كان هناك ملصق على السيارات في الولايات المتحدة يقول:

«هل عانقت أولادك اليوم؟» هذا سؤال هام. ولكن السؤال التالي لا لا يقل أهمية: هل شكرت الله لأجل أولادك اليوم؟

علمني الله هذا : إن لم استطع أن أشكره على شخص ما فقد لا يكون لي الحق في الصلاة لأجله، وربما من الأفضل ألا أصلي على الإطلاق لأن صلاتي ربما تضر أكثر مِمّا تنفع.

٢. التشفع

دعونا ننظر إلى صورة واحد من رجال العهد القديم، هو أيوب الذي كان نموذجاً للكاهن في أسرته، فنقرأ في بداية سفر أيوب أنه كان رجلاً كاملاً ومستقيماً أمام الله، وفي كل يوم من أيام الأسبوع كان أولاده السبعة وبناته الثلاث يلتقون في منزل أحدهم لتناول الطعام معاً والشركة، وفي نهاية كل أسبوع يستيقظ أيوب مبكراً في الصباح ويقدم الذبائح نيابة عن كل أولاده قائلاً: «**رُبَّمَا أَخْطَأَ بَنِيَّ وَجَدَّفُوا عَلَى اللهِ فِي قُلُوبِهِمْ**».

عندما قدم أيوب ذبيحة لأجل أولاده كان يطالب بفوائد الذبيحة نيابة عنهم، وهذه صورة للتشفع، أن تطالب بفوائد الذبيحة نيابة عن هؤلاء الذين تصلي لأجلهم.

إن ذبيحتنا في هذه المرحلة من التاريخ بالتأكيد هي ذبيحة المسيح

على الصليب، وينطوي التشفع لأولادنا على المطالبة بمزايا وفوائد موت المسيح نيابة عنهم.

عند هذا المرحلة ربما يعلق أحد الساخرين قائلاً: «حسناً، لكن الأمر في حالة أيوب لم يُجْدِ نفعاً!» حقاً إنه في إحدى الكوارث التي تعرض لها خسر كل أولاده، ولكن عندها لابد وأن نقرأ كل ما يقوله الكتاب المقدس.

فبعدما تعلم أيوب الدروس الصعبة، استرده الله بطريقة مجيدة ولكن لم يحدث هذا إلا بعدما صلى لأجل من انتقدوه، انظر (أيوب ٤٢ : ٨ ـ ١٠). وهنا درس لنا جميعاً، يجب ألا ندع المنتقدين يحطموننا، بل يجب أن نجعل من التهم الموجهة ضدنا سلم نرتقيه، وعندما نصلي لأجل من يتهموننا سيطلق الله نعمته لنا.

انظر إلى تفاصيل استرداد أيوب:

« وَبَارَكَ الرَّبُّ آخِرَةَ أَيُّوبَ أَكْثَرَ مِنْ أُولاَهُ. وَكَانَ لَهُ أَرْبَعَةَ عَشَرَ أَلْفاً مِنَ الْغَنَمِ، وَسِتَّةُ آلاَفٍ مِنَ الإِبِلِ، وَأَلْفُ زَوْجٍ مِنَ الْبَقَرِ، وَأَلْفُ أَتَانٍ. وَكَانَ لَهُ سَبْعَةُ بَنِينَ، وَثَلاَثُ بَنَاتٍ». (أيوب ٤٢ : ١٢ ـ ١٣).

حصل أيوب على ضعفين من كل ما كان يملكه من قبل ولكنه حصل على نفس عدد الأولاد والبنات. لماذا لم يضاعف له الله

عددهم أيضاً؟ أعتقد أنه هكذا استجاب الله صلوات أيوب. على الرغم من أن المجموعة الأولى من أولاده قد حملت خارج الزمن إلى الأبدية إلا أنهم كانوا في مكان الله الأمين للأموات الأبرار الذين ينتظرون الفداء الآتي بيسوع المسيح، لهذا عندما أعطى الله أيوب عشرة أولاد آخرين فقط كان في الواقع يضاعفهم له لأن العشرة الأوائل قد سبقوا لينتظروا أباهم عندما ينتقل إلى الأبدية.

بهذا تكون شفاعة أيوب قد أتت بثمارها! في الواقع تظهر هذه القصة ضرورة أن يصلي الأب لعائلته، فهذا الإنسان التقي لم تكن لديه فكرة عن الكارثة التي كانت ستقع لتقضي على كل أولاده في لحظة واحدة، وبعد الكارثة لن يكون هناك فائدة من الصلاة، ولكن أيوب كان قد صلى بالفعل.

يجب على كل أب بوصفه كاهناً لعائلته أن يتعلم الدرس من أيوب، فليس بيننا من يضمن عدم وقوع أي مأساة أو كارثة في أي وقت لتحمل فرداً أو أكثر من عائلاتنا خارج الزمن إلى الأبدية، فكل **أب مسئول أمام الله لكي يتشفع يومياً لأجل كل أفراد أسرته.**

يجب أيضاً أن نحترز من خطأ البحث عن إجابات لصلواتنا على الأرض

فقط وفي الزمان الحاضر، ففي الأبدية سنعرف العمل التام لصلواتنا.

٣. يعد الطريق للخلاص

نرى في ترتيبات الفصح مثالاً بليغاً لخدمة الأب ككاهن، فمن خلال خروف الفصح تتذكر كيف خلص الله إسرائيل من العبودية في مصر وأخرجه لكي يكون أمة جديدة، وأما المصريون الذين لم يكن لديهم ذبيحة فقد وقع قضاء الله على أبكارهم

اعتمدت ترتيبات الفصح على الأب، فلا يمكن لأي شخص آخر أن يفعل ما يجب على الأب أن يفعله، فكل أب كان مسئولاً عن تقديم الذبيحة لأهل بيته كما أخبر الرب موسى:

«كَلِّمَا كُلَّ جَمَاعَةِ إِسْرَائِيلَ قَائِلَيْنِ: فِي الْعَاشِرِ مِنْ هَذَا الشَّهْرِ يَأْخُذُونَ لَهُمْ كُلُّ وَاحِدٍ شَاةً بِحَسَبِ بُيُوتِ الآبَاءِ. شَاةً لِلْبَيْتِ.»

(خروج ١٢ : ٣).

كان على الأب أن يقوم بخطوة أخرى أيضاً لكي تكون الذبيحة فعالة، فقد أخبر موسى الشعب قائلاً:

«وَخُذُوا بَاقَةَ زُوفَا وَاغْمِسُوهَا فِي الدَّمِ الَّذِي فِي الطَّسْتِ وَمُسُّوا الْعَتَبَةَ الْعُلْيَا وَالْقَائِمَتَيْنِ بِالدَّمِ الَّذِي فِي الطَّسْتِ. وَأَنْتُمْ لاَ يَخْرُجْ أَحَدٌ مِنْكُمْ مِنْ بَابِ بَيْتِهِ حَتَّى الصَّبَاحِ، فَإِنَّ الرَّبَّ يَجْتَازُ لِيَضْرِبَ

الْمِصْرِيِّينَ. فَحِينَ يَرَى الدَّمَ عَلَى الْعَتَبَةِ الْعُلْيَا وَالْقَائِمَتَيْنِ يَعْبُرُ الرَّبُّ عَنِ الْبَابِ، وَلاَ يَدَعُ الْمُهْلِكَ يَدْخُلُ بُيُوتَكُمْ لِيَضْرِبَ.»

(خروج ١٢ : ٢٢ - ٢٣).

من المسئول عن اختيار خروف الفصح؟ إنه الأب في كل عائلة، ومن المسئول عن ذبح الخروف؟ إنه الأب، ومن المسئول عن رش الدم على القائمتين والعتبة العليا؟ إنه الأب.

بمعنى آخر فإن للأب خدمة معينة له من قبل الله بوصفه كاهناً ينوب عن عائلته، فمسئوليته هى أن يُظهِر فعالية خلاص الله في منزله.

على الرغم من أن لنا اليوم ذبيحة مختلفة إلا أن مسئولية الأب ما زالت هى نفس المسئولية.

٤ . ممارسة الإيمان لصالح أولاده

تقدم لنا القصة المأساوية للصبي المصاب بالصرع في (مرقس ٩) العديد من الدروس في الإيمان، فلم يستطع التلاميذ أن يشفوا الصبي، لهذا أتى به أبوه إلى يسوع، وبعدما استمع إلى الأب وهو يصف عن المعاناة التي يمر بها ابنه أجاب يسوع:

« فَقَالَ لَهُ يَسُوعُ: «إِنْ كُنْتَ تَسْتَطِيعُ أَنْ تُؤْمِنَ فَكُلُّ شَيْءٍ مُسْتَطَاعٌ

لِلْمُؤْمِنِ». فَلِلْوَقْتِ صَرَخَ أَبُو الْوَلَدِ بِدُمُوعٍ وَقَالَ: «أُومِنُ يَا سَيِّدُ، فَأَعِنْ عَدَمَ إِيمَانِي». (مرقس ٩ : ٢٣ - ٢٤).

ما لفت انتباهي في هذه القصة هو أنه لم يكن بإمكان الطفل أن يؤمن بنفسه، ولكن الرب حسب الأب مسئولاً لكي يؤمن لأجل ابنه، اعتقد أن هذا مبدأ، **فالله يطالب الآباء أن يؤمنوا لأجل أولادهم.**

تجسد أمامي واحدٌ من مبادئ خدمة يسوع عندما دعاني الله لأجل خدمة التحرير، عادة ما يتقدم الناس للأمام في الاجتماع بطفل ويقولوا: «صلِّ لأجله»، أو «صلِّ لأجلها» وقد تعلمت أن أسأل: «هل أنتما والدا هذا الطفل؟» وعادة ما تكون الإجابة «لا نحن لسنا أبويه، فأبواه ليسا بمؤمنين ولكننا نريدك أن تصلي لأجله».

أتحداك أن تجد في خدمة يسوع، أنه صلى لطفل إلا بسبب إيمان أحد أبويه أو كليهما، ولهذا لا تقدم لنا خدمة يسوع أي دليل على الصلاة للطفل دون مشاركة أيٍّ من أبويه على الأقل، **فيقع على عاتق الآباء مسئولية أعظم من تلك التي يرغب أي منا في الاعتراف بها.**

ماذا عن طفل أبواه ليسا مؤمنين؟ الله في قدرته يمكنه أن يعطي إيماناً خاصاً لأناس ليس لهم أي صلة بهذا الطفل، في الواقع يمكنني أن أتذكر حالات من خدمتي فعل الله هذا.

فالغرض الذي أود التأكيد عليه هو إيجابي وليس سلبياً، **فالله وضع علي عاتق الآباء مسئولية ممارسة الإيمان نيابة عن أولادهم.**

تلك هى المسئوليات الأربع الرئيسية للأب بوصفه كاهناً في عائلته:

١. يقدم الشكر

٢. يتشفع

٣. يعد الطريق للخلاص

٤. يمارس الإيمان نيابة عن أولاده.

في الفصل التالي سندرس المسئولية الأساسية الثانية للأب وهى خدمته كنبي في عائلته.

الفصل التاسع

الأب كنبي

دعونا نلقي نظرة الآن على مسئولية الأب كنبي في عائلته.

إن الفرق بين دور الكاهن والنبي هو أن الأب ككاهن ممثل عن عائلته أمام الله وكنبي فهو يمثل الله أمام عائلته. تذكر أنه يمكنك أن تكون نبياً لا من خلال ما تقوله فحسب بل من خلال سلوكك وأفعالك أيضاً. وهناك أربعة أساليب محددة لنا نحن الآباء لنقوم بهذا.

١. ممثل عن الله بتقديم القدوة والمثال

إن الأب يعتبر مثالاً لله في عائلته، وصورته في عيون أولاده تطبع في أذهانهم صورة لله إما سلبية وإما إيجابية. هل الأب محب، هل هو قريب من أولاده؟ هل هو حنون؟ قوي؟ من السهل على الطفل أن يرى صورة الله بهذه الطريقة إن كانت هذه هي حال أبيه، ولكن إن كان الأب قاسياً غضوباً ودائم النقد، أو كان متغيباً وغير متحمل للمسئولية فإن الطفل يبدأ حياته بفكرة سلبية عن الله،

وعادة ما يحتاج الأمر إلى مجهود كبير لتغيير هذا الفهم الخاطئ عن الله والذي حدث في مرحلة مبكرة.

ذكرت سابقاً قصة الشاب الذي قال: «أبي هو أكثر شخص أكرهه في هذه الحياة» ومن الواضح أن أباه كان ممثلاً سيئاً عن الله.

كيف يمكن للأب أن يعمل كنبي لعائلته؟ أولاً وقبل كل شئ من خلال المحبة، فيولد الطفل في هذا العالم وفي داخله اشتياق غريزي للمحبة. محبة الأم رائعة ولا يمكن أن تحل محلها أي محبة أخرى ولكنها ليست كافية، فهناك فارق نوعي في محبة الأب، فمحبة الأب تنقل للرضيع الشعور بالقوة والأمان والشعور بأنه مهم وذي قيمة.

عندما يفتقر الطفل إلى هذه النوعية من المحبة في حياته يصاب بجرحٍ داخلي عميق، وربما تكون كلمة «رفض» هى أفضل وصف لهذا الإحساس، وهو الشعور بأنه بلا أهمية وغير مرغوب فيه، وهذا هو الجرح الأساسي الذي قتل يسوع على الصليب، أعني شعوره برفض الآب، فقد صرخ: «**إِلهِي، إِلهِي، لِمَاذَا تَرَكْتَنِي؟**» (مرقس ١٥ : ٣٤)، ولكنه لم ينل أي إجابة، وعندها أحنى رأسه ولفظ أنفاسه الأخيرة.

كانت هذه هى العاقبة الأخيرة والفظيعة التي تحملها يسوع لأنه اتحد بخطية كل البشرية، إن شر الخطية عظيم للغاية إلى الحد الذي جعل الله الآب يحول وجهه عن صرخة ابنه الحبيب، ولكن تذكر أن **يسوع تحمل رفضنا حتى نحصل نحن على قبوله.**

يحمل الملايين في مجتمعنا المعاصر جروح الرفض في داخلهم، فالبعض لم يعرفوا أبداً محبة الأم أو الأب، وآخرون عرفوا محبة الأم ولكن لم يعرفوا محبة الأب، وفي معظم الأحوال فإن جرح الشعور بالرفض لا يمكن فعلياً تشخيصه، فمن يحملونه يتقدمون في الحياة شاعرين أنهم غير كاملين ولكنهم لم يدركوا أبداً ما يفتقدونه.

إن أعراض هذا الجرح ربما تكون سلبية أو نشطة، فمن الجانب السلبي ربما تتخذ الأعراض أحد الأشكال التالية: اكتئاب، سخرية، افتقار للدافع، فقدان الأمل والميل إلى الانتحار. ومن الناحية النشطة ربما تأخذ شكل إحباط وغضب ورفض للسلطة وعنف وجرائم، وقتل. ومن وجهة نظري فإن السبب الذي لم يتم تشخيصه لكثير من الجرائم والعنف في المجتمع الغربي هو بسيط وجذري ألا وهو فشل الآباء في محبة أولادهم.

في كثير من الأحيان لا تكون المشكلة هى عدم محبة الآباء

لأبنائهم ولكن فشل الآباء في إظهار هذه المحبة، فالمحبة غير المعلنة لا تسدد احتياجات الطفل.

في مرحلة طفولتي ونموي كنت أحظى بالكثير من الإهتمام والرعاية بوسائل مختلفة، ولكن أفراد عائلتي كانوا جزءاً من المجتمع البريطاني: «المعروف عنه الجمود في التعبير عن المشاعر» فنادراً ما يظهرون أي مشاعر دافئة، ولكن هذا لا يعني أنهم يحملوا تلك المشاعر الدافئة في قلوبهم ولكنهم كانوا يخضعون لأعراف المجتمع التي تشجع على عدم التعبير عن تلك المشاعر، فعلى سبيل المثال لا أتذكر أن أبي أجلسني على ركبتيه، وقد ترك هذا فجوة في شخصيتي تغلبت عليها تدريجياً عندما دخلت في علاقة أعمق مع الله بوصفه أبي.

لكني اكتشفت أن محبة الله الأبوية ليست محبة ضعيفة ولا عاطفية، فهو لا يتساهل مع مزاج أولاده أو أهوائهم، بل على النقيض فإنه كثيراً ما يعبر عن محبته عن طريق التأديب الصارم:

«لأَنَّ الَّذِي يُحِبُّهُ الرَّبُّ يُؤَدِّبُهُ، وَيَجْلِدُ كُلَّ ابْنٍ يَقْبَلُهُ»

(عبرانيين ١٢ : ٦).

يؤكد سليمان في كل سفر الأمثال على أهمية تأديب الأب لأولاده وضرورته، على سبيل المثال:

«مَنْ يَمْنَعُ عَصَاهُ يَمْقُتِ ابْنَهُ، وَمَنْ أَحَبَّهُ يَطْلُبُ لَهُ التَّأْدِيبَ»

(أمثال ١٣ : ٢٤).

وأيضاً :

«أَدِّبِ ابْنَكَ فَيُرِيحَكَ وَيُعْطِيَ نَفْسَكَ لَذَّاتٍ» (أمثال ٢٩ : ١٧).

تؤكد التجربة على صحة نصيحة سليمان، ففي المنزل الذي لا يهذب فيه الأطفال لا تجد إلا القليل من السلام.

وبما أن الأب هو رأس الأسرة فإن كل التأديب يجب أن يكون نابعاً منه، ولكن عملياً تقوم الأم بتأدية هذا الدور في بعض الأحيان، الضروري وجود التناسق في عملية التهذيب والتأديب الأبوي، فلابد وأن يتبع كلا الأبوين نموذجاً للتأديب والتهذيب يتفقان عليه، وإلا سيستغل الأطفال أحد الأبوين ضد الآخر.

عند ممارسة عملية التأديب والتهذيب احذر من الإنزلاق إلى أحد أحد منحدرين، الأول خطر التمرد في الطفل، تأكد من أنك تهذب ابنك بطريقة حازمة ولكن ليس بشكل فجٍّ يدفعه لتمرد. لا تسمح للأطفال بأن يكونوا مشاكسين أو بلا شعور بالمسئولية ولا تدعهم يردون عليك بطريقة وقحة، اطلب منهم أن يفعلوا ما تقوله لهم بهدوء ودون تباطؤ.

يجب أيضاً أن تحذر من النقيض أي الإحباط، فلو أن الأب قاسٍ ومنتقد وكثير الطلبات فإن الطفل سيشعر بالإحباط وسيتخذ اتجاه،

«لا فائدة، فكل ما أفعله لا يرضي أبي، ربما يجدر بي ألاّ أحاول أصلاً»

يخبرنا بولس بشيئين في هذا النطاق:

«أَيُّهَا الآبَاءُ، لاَ تُغِيظُوا أَوْلاَدَكُمْ لِئَلاَّ يَفْشَلُوا» (كولوسي ٣ : ٢١).

و**«وَأَنْتُمْ أَيُّهَا الآبَاءُ، لاَ تُغِيظُوا أَوْلاَدَكُمْ، بَلْ رَبُّوهُمْ بِتَأْدِيبِ الرَّبِّ وَإِنْذَارِهِ.»** (أفسس ٦ : ٤).

خدمت بين كثيرين ممّن يعانون من مشكلات عاطفية مزمنة، ولا يمكنني أن أقدر عدد المرات التي وجدت فيها أن افتقار الشخص إلى الشعور بأنه له قيمة أو معاناته من مشاعر الفشل تعود جذورها إلى الطفولة فربما تمت معاملته بطريقة سلبية من أحد الأبوين، أو يكون قد تعرض لنقد أو كان موضع سخرية أو تم توبيخه بشدة أمام الآخرين، تركت مثل هذه المعاملة جرحاً في نفس الطفل لم يشف على الرغم من مضي ما يقرب من عشرين أو ثلاثين سنة.

كأب يجب أن تحرص على التأديب من ناحية، ولكن لا تلقِ بابنك فريسة للإحباط بسبب المعاملة الظالمة أو الطلبات المجحفة.

٢. تمثل الله من خلال التعليم

إن ممارسة التأديب في المنزل ستمهد الطريق للجانب الثاني من خدمتك كنبي لعائلتك، لتوجههم في طرق الله وكلمته.

من الأمور التي اتضحت لي كمدير في كلية لتدريب المعلمين في كينيا أنه لو فشلتَ في تهذيب الطلبة وتأديبهم، فلن تستطيع أن تعلمهم، وهذا هو السبب في وجود عدد كبير من الأطفال غير المتعلمين في الحضارة المعاصرة، ومن ناحية أخرى لو أنك حافظت على عملية التهذيب فستنجح في تعليمهم.

يقول بولس :

«**وَأَنْتُمْ أَيُّهَا الآبَاءُ، لاَ تُغِيظُوا أَوْلاَدَكُمْ، بَلْ رَبُّوهُمْ بِتَأْدِيبِ الرَّبِّ وَإِنْذَارِهِ.**» (أفسس ٦ : ٤).

من هو المسئول في المقام الأول عن تعليم الأولاد حق كلمة الله وفقاً لهذه الآية؟ الأب، ولكن من الذي يقوم بهذا الدور عادة؟ إنها الأم. هل هذا هو النظام الذي وضعه الله؟ لا، ولكن إن كان هذا هو ما تعلمنا إياه كلمة الله عندما يكبر طفلك الصغير ويصبح في الثانية عشرة من عمره قد يقول: «أود أن أكون رجلاً مثل أبي، فهو لا يذهب إلى الكنيسة ولا يقرأ في الكتاب المقدس، ولهذا لن أفعل أنا أيضاً هذا» وهذا هو السبب وراء أن عدد النساء في شعب الكنيسة يفوق عدد الرجال بضعفين!

يبارك الله النساء اللواتي يجب أن يوجهن أبناءهن، ولكن يجب أن يكون هناك قائد روحي رجل يؤثر بطريقة ما في حياة هؤلاء الأولاد.

يقدم موسى نصيحة حكيمة للآباء فيما يتعلق بالتوجيه الروحي في بيوتهم:

«فَضَعُوا (أيها الآباء) كَلِمَاتِي هذِهِ عَلَى قُلُوبِكُمْ وَنُفُوسِكُمْ، وَارْبُطُوهَا عَلاَمَةً عَلَى أَيْدِيكُمْ، وَلْتَكُنْ عَصَائِبَ بَيْنَ عُيُونِكُمْ»

(تثنية ١١ : ١٨)

بمعنى آخر يجب أن تكون كلمة الله واضحة في حياتك!

في تلك الآية من تثنية ١١ أضفت كلمة «آباء» بين قوسين، لكي أوضح الأصل العبري، تتخذ الضمائر العبرية أشكالاً مختلفة حسب جنس المخاطب إن كان مذكراً أو مؤنثاً، في هذه الآية التي اقتبستها نجد أن كل الكلمات في صيغة المذكر، بمعنى آخر يوجه موسى توصياته أساساً للآباء ولكنها بالطبع ليست للآباء فقط. فهناك دورٌ للأمهات في تعليم أولادهن ولكن الأب في كل عائلة يجب أن يكون هو المصدر الأساسي للتعليم.

ويستمر موسى في (تثنية ١١ : ١٩) ليقول:

«وَعَلِّمُوهَا أَوْلاَدَكُمْ، مُتَكَلِّمِينَ بِهَا حِينَ تَجْلِسُونَ فِي بُيُوتِكُمْ، وَحِينَ تَمْشُونَ فِي الطَّرِيقِ، وَحِينَ تَنَامُونَ، وَحِينَ تَقُومُونَ.»

يمكن أن يُسْتَغَلَّ كل موقف في حياة الأسرة ليكون فرصة لشرح بعض التعاليم المسيحية مدعمة بأيات من الكتاب المقدس، وتقديمها بشكل مبسط للصغار، ولا يجب أن يقتصر الأمر على المناسبة الرئيسية المرتبطة بيوم الأحد من كل الأسبوع.

خدمت أطفالاً لخدامٍ كثيرين على مدار سنوات، وبالنسبة لهؤلاء الأطفال كان الدين مجرد حلة خاصة يرتدونها عند الذهاب إلى الكنيسة أيام الآحاد، ثم بعد عودتهم إلى المنزل يخلعونها ويضعونها في الدولاب ولا يرتدونها مرة أخرى حتى يوم الأحد التالي. **كان هذا هو خطأ الآباء لأن الإيمان يجب أن يكون جزءاً من الحياة اليومية في المنزل.**

ذكرت في الفصل الأول أن ليديا قبل زواجنا كانت أماً لثماني بنات بالتبني قامت بتربيتهن بمفردها، وكأسرة لم يكن لديهم سوى القليل من المال وعادة لم يكن لديهم ما يبشر بوجود طعام لليوم التالي، وكان كل ما تفعله «ليديا» هو أن تجمع البنات

وتصلي معهن، وتقول: «أيها الأطفال ليس لدينا شئ للإفطار، لهذا دعونا نصلي». فيصلين معاً ويأتي الطعام، وقد تعلمن من رؤيتهن لله وهو يستجيب لصلواتهن ما هو أعظم من عشرات الدروس في مدارس الأحد!

لا تعزل الأطفال بعيداً عن حياتك الروحية، ولكن أدخلهم فيها، حين تكون ذاهباً في إجازة أشركهم معك في الصلاة لأجل المكان الذي تتوجهون إليه ولأجل ما ستفعلونه، ولو أن هناك مشكلة يعاني منها الطفل في المدرسة لا تقدم له ببساطة الإجابة السليمة والحل للمشكلة ولكن بدلاً من هذا قل له: «دعنا نصلي معاً لأجل هذا الأمر».

عندما يتعلم الأطفال أن يصلوا، يكبرون كمؤمنين، يمكنني أن أقول هذا من واقع خبرتي، فقد تعرضت كل بناتنا لتجارب. واجهن جميعاً تجارب ومشكلات، ولكنهن جميعاً يتذكرن بفرحٍ تلك الأوقات التي اختبرن فيها استجابة الرب لصلواتهن.

عندما خدمت وليديا في الإرساليات التعليمية في كينيا اصطحبنا ابنتنا إليزابيث معنا وكانت في الثامنة عشرة من عمرها إلى مؤتمر مسيحي في مومباسا، كانت إليزابيث تعاني من قصر نظر، وكان نظرها يتدهور، في كل عام كان علينا أن نصنع لها

نظارات أقوى، لهذا قلنا للكارز في مومباسا: «هل يمكنك أن تصلي لأجل عيني إليزابيث؟».

فصلى وخلعت إليزابيث النظارة، دون أن نطلب منها القيام بذلك!

بعد عدة أيام أردنا الاطمئنان على حالتها.

فسألناها: «كيف حال عينيك؟»

فأجابت: «لقد صلى لأجلي، أليس كذلك؟»

وفيما بعد أثبتت رؤية «إليزابيث» أنها سليمة، وقد تخرجت من كلية التمريض دون أن تستخدم النظارة!

مرت ابنتنا «إليزابيث» بنفس الاختبارات التي يمر بها المؤمنون، ولكن كان هناك شئ واحد لم تشك فيه ألا وهو أن الله شخص حقيقي! وما دليلها على ذلك؟ نظرها!

يعتبر اختبار الصلاة المستجابة مرساة تحمي الناس من خطر الاقتلاع بفعل تيار المد الذي يجتاح هذا العالم، لهذا دعونا نتذكر شيئاً ما حدث عندما صلينا معاً.

أحد أصدقائي خادم ولديه أربع بنات، مثل بنات فيلبس عندما كُنَّ أطفالاً كان لكل منهن خدمة نبوية انظر (أعمال ٢١: ٨-٩) ومسئولية

خاصة في الصلاة، فإحداهن تصلي لأجل الأمور المادية والأخرى تصلي لأجل الشفاء، والثالثة للمشكلات في المدرسة والرابعة لأي شئ آخر يكونون في احتياج إليه، وقد تأصل هؤلاء البنات في المسيح لأنهن شاركن في الحياة الروحية للعائلة، ونتيجة لهذا ظلت العائلة على علاقة وثيقة ببعضها البعض حتى بعدما تزوجت البنات.

أنت لا تبارك أولادك حين تتحمل عنهم المسئولية كاملة، بل على النقيض، كلما حملتهم المسئولية صاروا أقوى، ولكن هذا يحدث تدريجياً وبحكمة.

٣. التواصل من كلا الجانبين

لابد وأن يكون هناك خطوط واضحة للتواصل لكي تتمكن من تعليم عائلتك عن الله، تحتوي الكتب وعظات المعلمين على كثير من التوجيهات الخاصة بكيفية التواصل ولكني أود أن أقدم لك بعض ملاحظاتي الشخصية.

أولاً، إن أكثر وسائل التواصل فعالية بين الأب وابنه عادة ما تجري في جو غير ديني، فإنْ رَبَطَ الأطفال توجيهات والدهم بشيء قاسٍ ورسمي وديني، فإنهم في النهاية يميلون لكراهية كلٍّ من الإيمان والتوجيهات.

من أهم المبادئ التي تحكم عملية التواصل مع الأطفال هو عدم التركيز على إصدار إليهم فقط، ولكن يجب إعطاؤهم مساحة من الحرية، يستطيعون من خلالها الحديث والتعبير عن أنفسهم، يتفق معظم المتعاملين مع أطفال مشاكسين وغير مبالين بالمسئولية أن معظم هؤلاء الصغار تجمعهم شكوى واحدة مشتركة هي: إن آباءنا لا يستمعون لنا أبداً، شَجِّعْ الأطفال على التعبير عن أنفسهم وشرح مشكلاتهم، لا تخلق جواً دينياً متزمتاً، ولا تكن مصدوماً من بعض الأمور التي يخبرونك بها.

وأخيراً فإن أهم الأشياء التي تقولها لابنك عادة ما تكون تلك التي تقولها بطريقة عرضية أو مرتجلة في وقت لم تتوقعه أبداً، في الحديقة أو في رحلة صيد أسماك، أو عند تنظيف الجراج، أو عندما تحاولون اكتشاف السبب وراء تعطُّل السيارة، عندها ربما تكون قادراً على أن تنقل لابنك أو ابنتك المبادئ العميقة لكلمة الله، ولن يكون وجود المذبح العائلي قادراً وحده على القيام بهذا الدور، **فهناك تأثير كبير للكيفية التي نقضي بها أوقاتنا العادية، إذ تمدنا مواقف الحياة اليومية بمادة للتواصل الحقيقي.**

٤. تنقذ عائلتك في الأيام الأخيرة

علمت كثيراً عن تلك الآية الكتابية

«**وَكَمَا كَانَ فِي أَيَّامِ نُوحٍ كَذَلِكَ يَكُونُ أَيْضاً فِي أَيَّامِ ابْنِ الإِنْسَانِ.**» (لوقا ١٧ : ٢٦).

دائماً أشير إلى أن الأشرار في أيام نوح كانوا يفعلون الشر تماماً كأشرار اليوم، ولكن ذات يوم رأيت الرسالة الإيجابية في قصة نوح:

« **بِالإِيمَانِ نُوحٌ لَمَّا أُوحِيَ إِلَيْهِ عَنْ أُمُورٍ لَمْ تُرَ بَعْدُ خَافَ، فَبَنَى فُلْكاً لِخَلاَصِ بَيْتِهِ، فَبِهِ دَانَ الْعَالَمَ، وَصَارَ وَارِثاً لِلْبِرِّ الَّذِي حَسَبَ الإِيمَانِ.**» (عبرانيين ١١ : ٧).

سمع نوح ذلك الرجل البار من الله عن القضاء الآتي واستعد وخلص عائلته.

إن الأيام التي نحيا فيها الآن شبيهة جداً بأيام نوح، ومن سمات أيام نوح: «**لأَنَّ الأَرْضَ امْتَلأَتْ ظُلْماً مِنْهُم**» (تكوين ٦ : ١٣). وهذا بالتأكيد هو حال الأرض اليوم! فقد أصبحت جرائم العنف أكثر انتشاراً، فيمكنني أن أتذكر كم كان أمراً مدهشاً أن تكتب

الصحف عن لصٍّ قام بفتح سيارة ليسرق حقيبة إحدى السيدات البريطانيات في ثلاثينيات القرن العشرين. واليوم فإن الجرائم الرئيسية للعنف منتشرة للغاية بدرجة مخيفة، فربما تتذكر أيضاً أنه حتى وقت قريبٍ كان بإمكانك الدخول إلى الطائرة دون أن يكون هناك تفتيش أمني، ولكن هذا لا يحدث اليوم!

دعني أقص عليك باختصار حادثتين فيهما أنقذت حساسية الأب واحداً أو أكثر من أفراد عائلته من موت متوقع.

كان أحد أحفادي يقود سيارة العائلة الكبيرة مع زوجته وأولاده الصغار الثلاثة، وفي العادة كانت زوجته تجلس إلى جواره ولكن لسبب ما جلست في المقعد الخلفي مع الأطفال الثلاثة الصغار.

وأثناء مرور السيارة أسفل أحد الجسور رمى أحدهم قطعة من الأسمنت عليهم، فانكسر الحاجب الزجاجي أمام المقعد المجاور للسائق وغطت البودرة الزجاجية كل من بالسيارة، ولكن لم يجرح أحد أو يصاب بأذى، وعندها أدرك الأبوان لماذا أعيقا عن وضع أي شخص من أفراد العائلة في المقعد الأمامي بجانب السائق، فلو كان هناك أي شخص في هذا المقعد لكانت النتيجة مختلفة تماماً.

والحادثة الثانية تتعلق بأحد أصدقائي الذي سنطلق عليه اسم مالكوم، وكان قد حُذِّر في الليلة السابقة أن هناك خطراً ما يهدد أحد أفراد عائلته.

وفي اليوم التالي عندما كانت ابنته تستعد لكي تقود سيارة والدتها لتذهب بها إلى عملها كما تفعل كل يوم أخبرها «مالكوم»: «هذا الصباح أشعر أنه من الأفضل أن تأخذي سيارتي لا سيارة أمك»

وفيما تقود البنت سيارة والدها مرت بحفرة في الطريق مليئة بالزيت، فأصبح من الصعب عليها التحكم في السيارة وتحطمت، ولكن الله أنقذ البنت من الإصابة لأن الوسائد الهوائية انفتحت، ولو كانت البنت تقود سيارة أمها التي لا يوجد بها وسائد هوائية لكان الحادث مأساوياً.

إن الأيام التي نحيا فيها هى أيام يُدْعى فيها الآباء لروح النبوة مثل نوح، فالآباء الذين سيكونون حساسين تجاه الخطر الذي يواجه عائلاتهم هم من سيستطيعون حمايتهم.

الفصل العاشر

الأب كملك

دعونا نستعرض الوظائف الثلاث الأساسية للأب، ككاهن هو ممثل لعائلته أمام الله، وكنبي هو ممثل الله أمام عائلته، وأخيراً كملك يحكم العائلة نيابة عن الله.

ولكن ما معنى أن يكون الأب ملكاً؟

في (١ تيموثاوس ٣ : ٤ ـ ٥) يناقش بولس مؤهلات الرجل الذي يريد أن يكون قائداً في الكنيسة، يوضح بولس أن أهم تلك المؤهلات على الإطلاق هى حالة منزل ذلك الرجل، فمثل هذا الرجل: «**يُدَبِّرُ بَيْتَهُ حَسَناً، لَهُ أَوْلاَدٌ فِي الْخُضُوعِ بِكُلِّ وَقَارٍ**» (١ تيموثاوس ٣ : ٤). فمن المتوقع أن يمارس سلطانه وأن يكون له أولاد يحترمونه ويطيعونه ويخضعون لسلطانه.

إن الكلمة اليونانية التي تُرجمت إلى «**يدبر**» تعني حرفياً «**أن يقف في المقدمة أمام**» أو «**أن يقف كرأس**» كما يتسع المعنى ليشتمل على

«يحكم»، و«يحمي» و«يتحكم ويسيطر» وبالأساس تعني الكلمة أن الأب يقف كرأس المنزل، فهو يضع نفسه بين عائلته وبين كل ضغوط الحياة وأخطارها، وهو أيضاً يتحرك أمامهم مقدماً مثالاً للحياة النقية.

يواصل بولس كلامه ليقول أن القيادة الناجحة في المنزل ضرورية للقيادة في الكنيسة «وإنما إن كان أحد لا يعرف أن يدبر بيته» «فَكَيْفَ يَعْتَنِي بِكَنِيسَةِ اللهِ» (آية ٥). بمعنى آخر إن لم يتمكن الرجل من أن يكون قائداً ناجحاً في المنزل فلا يمكنه إحراز النجاح كقائد في كنيسة الله.

استمتعت في إحدى المرات بالتعرف على لوي بيتهورس من السويد والذي كان راعياً لأكبر كنيسة خمسينية في أوربا أثناء فترة الحرب العالمية الثانية، كان رجلاً ينظر إلى الشروط الكتابية المطلوب توافرها في الراعي بكل جدية.

ففي مرحلة ما وقف أمام رعيته وأخبرهم أنه سيتقاعد عن العمل كراعٍ لهم.

وشرح لهم: «يقول الكتاب المقدس أن أولادي يجب أن يكونوا خاضعين لي، ولكن أولادي لا يسيرون مع الرب ولهذا يجب أن أتقاعد».

فأجاب الشعب: «لا تفعل هذا، سنصلي لأجل أولادك حتى يخلصوا».

وصلى الشعب وخلص أبناء الراعي ولم يتقاعد لوي بيتهورس.

للأسف فإن كثيرين في الخدمة اليوم لا يأخذون الشروط التي يضعها الكتاب المقدس مأخذ الجد.

والسبب المنطقي وراء جعل النجاح في دور الأبوة شرطاً أساسياً لشغل منزلة الراعي، هو أن المنزل يُعد كنيسة مصغرة.

في كنيسة العهد الجديد هناك ثلاثة عناصر أساسية:

١. **الراعي** (غالباً ما تأتي الكلمة بصيغة الجمع ويطلق عليهم أيضاً الشيوخ)

٢. **الشمامسة أو المساعدون**

٣. **شعب الكنيسة**

ويتماشى هذا مع ثلاثة عناصر رئيسية في المنزل:

١. **الأب وهو المسئول بوصفه راعياً**

٢. **الزوجة والتي خلقها الله لتعين زوجها مثل الشماس الذي** يعين الراعي

٣. **الأطفال الذين هم الرعية أو الشعب.**

وبهذا يكون الله قد أقام في العائلة كل الأركان التي تؤسس كنيسة العهد الجديد، ويقول الله للأب: «يجب أن تنجح كنيستك الصغيرة، أي تلك الكنيسة التي أعطيتها لك في منزلك، عندها ستكون مؤهلاً في كنيسة الله».

لنتبع أثر خطوات إبراهيم

لنتجه الآن لإبراهيم كصورة للأب الذي قبل مسئوليته وأتمها لكي يحكم أو لكي يكون ملكاً على عائلته.

هل تساءلت لماذا اختار الله إبراهيم من بين مئات الآلاف من الرجال على الأرض في ذلك اليوم؟ لماذا حظي إبراهيم بأن يكون رأساً لنسل جديد سيأتي بالخلاص لكل البشرية؟

أولاً: أنظر إلى معنى اسم إبراهيم، في الأصل كان أبرام معناه «أب مرتفع»، ولكن عندما قطع الله عهده الثاني والأبدي مع هذا الرجل غير اسمه لإبراهيم الذي يعني «أباً لجمهور». يمكنك أن ترى في كلا الشكلين أن الحقيقة الأولى المتعلقة باسمه هو أنه كان أباً، وهذا له أهمية كبرى إذ أن الله اختار إبراهيم كأب.

ثانياً: دعونا ننظر إلى شئ هام آخر قاله الله لإبراهيم:

«هَلْ أُخْفِي عَنْ إِبْرَاهِيمَ مَا أَنَا فَاعِلُهُ، وَإِبْرَاهِيمُ يَكُونُ أُمَّةً كَبِيرَةً وَقَوِيَّةً، وَيَتَبَارَكُ بِهِ جَمِيعُ أُمَمِ الأَرْضِ؟ لأَنِّي عَرَفْتُهُ لِكَيْ يُوصِيَ بَنِيهِ وَبَيْتَهُ مِنْ بَعْدِهِ أَنْ يَحْفَظُوا طَرِيقَ الرَّبِّ لِيَعْمَلُوا بِرّاً وَعَدْلاً، لِكَيْ يَأْتِيَ الرَّبُّ لإِبْرَاهِيمَ بِمَا تَكَلَّمَ بِهِ».. (تكوين ١٨: ١٧ - ١٩).

تخبرنا الترجمة الدولية الجديدة: «اخترته حتى يوجه أولاده...» (آية ١٩). أن الكلمة العبرية التي ترجمت هنا إلى «يوجه» هى الكلمة العبرية التقليدية «يأمر»، وتستخدم بصفة خاصة في كل ناموس ووصايا موسى، وأياً كانت الترجمة التي نستخدمها فإن الحقيقة التي تهمنا هى أن إبراهيم مؤهل لاختيار الله لأن الله رأى فيه شخصاً يمكن الاعتماد عليه في توجيه أولاده ومنزله.

إن كلمة «يأمر» كلمة قوية، بل يمكن أن نقول إنها كلمة عسكرية، ربما تقول بعض الزوجات والأمهات: «هل تقصد أن يكون الرجل ديكتاتوراً؟» لا، ولكن هناك بعض المواقف التي يكون الرجل فيها ملزماً أن يقول: «لكي نرضي الله ونحصل على بركته، هذه هى الطريقة التي ستسير بها الأمور في منزلنا، ولن نفعل هذا بل سنفعل ذلك».

أعتقد أن للأب الحق في إرساء بعض القواعد الأساسية في المنزل: «في أي وقت سيأكلون معاً، ما الوقت الذي سيعود فيه الصغار للمنزل، نوعية الترفيه التي يسمح بها للأطفال، واستخدام التليفزيون وغيرها، فهذا ليس امتيازاً للأب فقط ولكنه واجبه.

يجب على الأب ألا يتخذ قرارات مثل هذه دون أن يستشير زوجته أولاً ويتأكد من موافقتها، ولكن المسئولية الأخيرة للنظام في المنزل تقع على عاتق الأب، فهو الشخص الذي سيجيب الله عن عائلته.

يخبرنا الكتاب المقدس في (رومية ٤: ١١ - ١٢) أن إبراهيم هو أب لكل هؤلاء الذين يسلكون في خطواته، وهذا يعني أنه لا يمكنني أن أقول: «أنا مولود ثانية وبالتالي فإن إبراهيم أبي»، يجب أن أسير في الطريق الذي سار فيه إبراهيم، وأهم مجال نتبع فيه خطوات إبراهيم هو العائلة.

النظام في العائلة السماوية

لابد وأن ننظر إلى العائلة الإلهية في السماء لكي نحصل على النموذج الكامل للسلطان في العائلة على الأرض في العلاقة بين الله الآب والله الابن؟

تتحدى الطريقة التي تحدث بها يسوع عن علاقته مع أبيه كل النظريات المعاصرة بخصوص تربية الأطفال:

«لِهَذَا يُحِبُّنِي الآبُ لأَنِّي أَضَعُ نَفْسِي لآخُذَهَا أَيْضاً. لَيْسَ أَحَدٌ يَأْخُذُهَا مِنِّي بَلْ أَضَعُهَا أَنَا مِنْ ذَاتِي. لِي سُلْطَانٌ أَنْ أَضَعَهَا وَلِي سُلْطَانٌ أَنْ آخُذَهَا أَيْضاً. هَذِهِ الْوَصِيَّةُ قَبِلْتُهَا مِنْ أَبِي». (يوحنا ١٠ : ١٧ - ١٨).

هذا يوضح أن الله الآب أعطى وصايا ويسوع الابن ينفذ هذه الوصايا.

مرة أخرى في (يوحنا ١٢ : ٤٩ - ٥٠) قال يسوع:

«لأَنِّي لَمْ أَتَكَلَّمْ مِنْ نَفْسِي، لَكِنَّ الآبَ الَّذِي أَرْسَلَنِي هُوَ أَعْطَانِي وَصِيَّةً: مَاذَا أَقُولُ وَبِمَاذَا أَتَكَلَّمُ. وَأَنَا أَعْلَمُ أَنَّ وَصِيَّتَهُ هِيَ حَيَاةٌ أَبَدِيَّةٌ. فَمَا أَتَكَلَّمُ أَنَا بِهِ فَكَمَا قَالَ لِي الآبُ هَكَذَا أَتَكَلَّمُ».

ولهذا في كل تعاليمه أطاع يسوع الوصية التي قبلها من الله الآب.

والأكثر من هذا في (يوحنا ١٤ : ٣١) عندما كان يسوع يستعد لمغادرة العلية وخوض المواجهة التي قادت إلى محاكمته وصلبه قال:

« وَلَكِنْ لِيَفْهَمَ الْعَالَمُ أَنِّي أُحِبُّ الآبَ، وَكَمَا أَوْصَانِي الآبُ هَكَذَا أَفْعَلُ. قُومُوا نَنْطَلِقْ مِنْ هَهُنَا».

لهذا ذهب يسوع إلى الصليب طاعةً لوصية أبيه، وكان هذا هو الامتحان الأساسي للطاعة.

في (عبرانيين ٥ : ٨) يلخص الكاتب هذا في عبارة بسيطة:

«مَعَ كَوْنِهِ ابْناً تَعَلَّمَ الطَّاعَةَ مِمَّا تَأَلَّمَ بِهِ.»

هنا هو النموذج الذي نراه في الأقنومين الإلهيين الآب والابن، أعطى الآب الوصايا والابن تعلم الطاعة باتباع هذه الوصايا، وقد كلفته طاعته حياته، ولا يوجد أي نموذج كتابي يَحُضُّ على عدم الطاعة أو العصيان أو اللا مبالاة، فالله هو إله الدقة، ويخبرنا تماماً ما يريدنا أن نفعله ويتوقع منا أن نقوم به.

ينبغي اتباع هذا النموذج في الحياة الإنسانية، فليس لنا الحرية هنا على الأرض لكي نعدل من النموذج الذي وضعته السماء لنا.

التهذيب في البيت

رأينا لتونا من (عبرانيين ٥ : ٨) أن يسوع كان عليه أن يتعلم الطاعة، وهذا يشير إلى أن الطاعة تأتي بالتعلم، وتعلم الطاعة هو ما نطلق عليه التأديب، فإن كان يسوع نفسه قد قبل أن يخضع للتأديب فكم بالحري نحن وأولادنا الأعزاء غير الكاملين!

إن أردت أن تنجح في تربية أولادك فعليك أن تجمع بين المحبة والتأديب، ومن ناحية أخرى فإن الطريقة التي تجعلك تخرج بأطفال محبطين وتعساء هي أن تدللهم، وتعطيهم كل ما يطلبون وأن تفعل كل ما يريدونه، وتستجيب لكل مطالبهم. عندما يكبر الأطفال الذين تربوا في مثل تلك البيئة يتوقعون أن الحياة ستعاملهم بنفس الطريقة التي عاملهم بها آباؤهم، ولكن ليس الأمر كذلك، فالحياة قاسية للغاية قسوتها في ازدياد، وقد تتبعت حياة أناس عاملهم آباؤهم بطريقة غير كتابية ويمكنني أن أقول عنهم جميعاً أنهم عاشوا حياة صعبة بدرجات متفاوتة.

تدليل الأطفال ليس لطفاً، بل هو تعبير عن الكسل، فإفساد الأطفال لا يتطلب مجهوداً كالذي تتطلبه تربيتهم.

إن أكثر الأطفال تعاسة هم أولئك الذين لم يؤدبوا من آبائهم، وهم الأكثر شعوراً بعدم الأمان لأن الطفل يحتاج إلى وجود حواجز تعطيه الإحساس بالأمان.

أتذكر عندما كانت ابنتنا الأفريقية جسيكا على مشارف السادسة عشرة وكانت تواجه مشكلات المراهقة، وعلى الرغم من

أنها كانت مؤمنة مخلصة إلا أنها في إحدى المراحل أرادت فعل شيءٍ ما لم يكن حكيماً ولا صائباً.

سألت: «هل يمكنني أن أفعله؟، هل ستسمح لي؟»

فقلت: «لا لن أسمح، لأنه سيضرك»

اعتقدت أن جيسكا ستتضايق، ولكني رأيت في عينيها شعوراً بالراحة لأنني وضعت لها حداً، فلم يكن لديها القدرة على أن تضع حداً لنفسها ولكنها كانت ممتنة لي لأني وضعت هذا الحد.

لم يكن من العدل أو الحكمة أن أترك الأطفال على حريتهم وبصفة خاصة في عالم مثل هذا الذي نعيش فيه اليوم دون أية حدود، يجب أن تكون تلك الحدود بسيطة وعملية وعادة ما يجب أن نشرحها للأطفال:

«لماذا لا نشاهد برنامج كذا في التليفزيون؟»

«لأنه يقدم مثلاً سيئاً ويشجعك على أن تفعل أشياء تؤذيك».

من ناحية أخرى هناك بعض المواقف التي ستكون الإجابة فيها عن سؤال «لماذا؟» هي ببساطة «لأن بابا (أو ماما) قال هذا، إن

تقديم تفسير لتلك القوانين ربما يكون أمراً معقداً جداً لا يستطيع الطفل أن يفهمه. على أية حال في بعض الأحيان يعطي الله قواعد لشعبه دون إبداء أسباب لتلك القواعد، على سبيل المثال أشك في أن معظم الإسرائيلين كانوا يفهمون الأسباب وراء القواعد التي يضعها الله في (لاويين ١١) ومع ذلك ما زال يتوقع منهم أن يطيعوها.

في إحدى مراحل نموهم أعطيت أنا و«ليديا» أطفالنا جزءاً من الكتاب المقدس ليحفظوه وهو

(١صموئيل ١٥ : ٢٢) : «**هُوَذَا الاِسْتِمَاعُ أَفْضَلُ مِنَ الذَّبِيحَةِ**».

وبعد عدة سنوات اكتشفت أن بعض أولادنا يعلمون نفس الآيات الكتابية لأطفالهم.

في الفصل التالي سنستكمل دراستنا للأبوة بعقد مقارنة بين أبوين يقدمهما الكتاب المقدس في سفر التكوين.

الفصل الحادي عشر

صورة أبوين

يعد لوط ابن أخي إبراهيم واحداً من الشخصيات التي لعبت دوراً مؤثراً في حياة إبراهيم، فقد كان الرجلان شريكي ترحال منذ غادرا معاً «أور الكلدانيين» متوجهين إلى «كنعان»، ولا شك أن لوطاً قد لاحظ تعاملات الله المجيدة مع إبراهيم، مما لمس أعماقه وحثه على الدخول في علاقة شخصية مع الرب، ولكن حان الوقت لكي ينفصل الرفيقان لأن:

«لَمْ تَحْتَمِلْهُمَا الأَرْضُ أَنْ يَسْكُنَا مَعاً إِذْ كَانَتْ أَمْلاَكُهُمَا كَثِيرَةً، فَلَمْ يَقْدِرَا أَنْ يَسْكُنَا مَعاً.» (تكوين ١٣: ٦).

سمح إبراهيم للوط أن يختار المكان الذي سيذهب إليه، وقد أظهرت عملية الانفصال فرقاً حاسماً بين الرجلين ألا وهو فارق الرؤية.

لم تكن رؤية إبراهيم قاصرة على هذا العالم المنظور، ولا على الأمور الوقتية، بل امتدت رؤيته إلى ما وراء المنظور والوقتي .. إلى المستقبل الأبدي:

«**لأَنَّهُ كَانَ يَنْتَظِرُ الْمَدِينَةَ الَّتِي لَهَا الأَسَاسَاتُ، الَّتِي صَانِعُهَا وَبَارِئُهَا اللهُ.**» (عبرانيين ١١ : ١٠).

أقدم إبراهيم على اختياراته في هذه الحياة مثبتاً أنظاره على الوجهة الأبدية.

أما لوط فلم ير أبعد من الأمور المحيطة به في الوقت الحاضر:

«**فَرَفَعَ لُوطٌ عَيْنَيْهِ وَرَأَى كُلَّ دَائِرَةِ الأُرْدُنِّ أَنَّ جَمِيعَهَا سَقْيٌ، قَبْلَمَا أَخْرَبَ الرَّبُّ سَدُومَ وَعَمُورَةَ، كَجَنَّةِ الرَّبِّ كَأَرْضِ مِصْرَ، حِينَمَا تَجِيءُ إِلَى صُوغَرَ. فَاخْتَارَ لُوطٌ لِنَفْسِهِ كُلَّ دَائِرَةِ الأُرْدُنِّ وَارْتَحَلَ لُوطٌ شَرْقاً. فَاعْتَزَلَ الْوَاحِدُ عَنِ الآخَرِ. أَبْرَامُ سَكَنَ فِي أَرْضِ كَنْعَانَ، وَلُوطٌ سَكَنَ فِي مُدُنِ الدَّائِرَةِ، وَنَقَلَ خِيَامَهُ إِلَى سَدُومَ.**» (تكوين ١٣ : ١٠ - ١٢).

وفي الآية التالية يضيف الكاتب كما لو كان بين قوسين:

«**وَكَانَ أَهْلُ سَدُومَ أَشْرَاراً وَخُطَاةً لَدَى الرَّبِّ جِدّاً.**»

(تكوين ١٣ : ١٣).

حددت رؤية لوط المسلك الذي سيتخذه، فقد كان منجذباً نحو ثروة أرض سدوم وخصوبتها ولم ينظر إلى حجم الخطية والشر الموجود في سكان سدوم.

بعد مضي عدة سنوات أرسل الله ملاكين إلى سدوم لكي يعلنا عن دينونته الوشيكة على المدينة، وعندها لم يكن وجه لوط مثبتاً نحو مدينة سدوم وحسب، ولكنه فعلياً كان داخل المدينة «**جالساً في باب سدوم**» (تكوين ١٩ : ١). وهذا يشير إلى أن لوط كان له مركز وسلطة في المجتمع، وعلى الرغم من أنه لم يتورّط في الممارسات الشريرة لشعب المدينة، إلا أنه جعل نفسه واحداً منهم.

طلب الملاكان من لوط أن يجمع كل أفراد عائلته بسرعة، «**وَقَالَ الرَّجُلاَنِ لِلُوطٍ: «مَنْ لَكَ أَيْضاً هَهُنَا؟ أَصْهَارَكَ وَبَنِيكَ وَبَنَاتِكَ وَكُلَّ مَنْ لَكَ فِي الْمَدِينَةِ أَخْرِجْ مِنَ الْمَكَانِ،**» وأن يهرب بهم قبل أن يدمر الرب المدينة (تكوين ١٩ : ١٢).

«فَخَرَجَ لُوطٌ وَكَلَّمَ أَصْهَارَهُ الآخِذِينَ بَنَاتِهِ وَقَالَ: «قُومُوا اخْرُجُوا مِنْ هَذَا الْمَكَانِ لأَنَّ الرَّبَّ مُهْلِكٌ الْمَدِينَةَ». فَكَانَ كَمَازِحٍ فِي أَعْيُنِ أَصْهَارِهِ.» (تكوين ١٩ : ١٤).

بما أن فكرة قضاء الله قد بدت سخيفة بالنسبة لأصهاره، لم ينجح لوط سوى في أخذ زوجته وبنتيه غير المتزوجتين، وبعد الخروج من المدينة تحولت زوجته إلى عمود ملح بسبب تلك النظرة الأخيرة النادمة التي ألقتها على المدينة أثناء رحيلها.

وفيما بعد تخيلت صورة لوط وهو ينظر من الجبال التي إلتجأ إليها بعد هروبه ناظراً إلى بقايا سدوم التي كانت قبلاً مدينة كبيرة وإلى عمود الملح الذي كان زوجته. ربما قال: «لقد قدت عائلتي كلها إلى هذا المكان ولكن لم يتبعني سوى هاتين البنتين في خروجي من هذه المدينة» (لاحظ أنهما تورطتا في علاقة زنى بأبيهم).

هل تحطم لوط بسبب الشعور بالذنب الذي إجتاحه عندما أدرك إلى أي مدى فشل في إتمام مسئوليته تجاه عائلته؟ لم يعطنا الكتاب المقدس إجابة عن هذا السؤال ولكن دعني اقترح عليك أن تضع نفسك مكان لوط لو كنت أباً، هل يمكنك أن تتخيل نفسك تفكر،

لو كنت قد اخترت طريقاً آخر! لو أنني بقيت قريباً من إبراهيم.

والآن اطرح على نفسك بعض الأسئلة المحورية مثل:

- ما المثال الذي قدمته لعائلتي؟

- هل أضع لهم أهدافاً أبدية ومعايير سماوية لكي يحيوا بها؟

- هل أساوم في معاييري والتزاماتي لأجل الغنى المادي والنجاح العالمي؟

كان لكل من هذين الرجلين أعني إبراهيم ولوط رؤية، وقد ركزت رؤية إبراهيم على المدينة الأبدية المجيدة التي أعدها الله لخدامه الذين تبعوه بالكامل، وركزت رؤية لوط على الغنى المادي للمدينة الأرضية وأعمته عن خطية شعبها. ولم تحدد رؤية كل منهما مسار حياته هو بل أيضاً مصير عائلته.

ما زال نفس هذا المبدأ سارياً على الرغم من مضي قرون عديدة، فالأب ينقل لأسرته الرؤية التي توجه حياته، ويجب على كل أب أن يسأل نفسه الأسئلة التالية:

- **ما الذي أنقله لعائلتي؟**
- **هل أغرس القيم الأبدية التي توجههم لخدمة يسوع المسيح؟**
- **هل أنا مهتم في المقام الأول بالنجاح العالمي والعمل والراحة المادية والاستقلال المادي ومكانتي الإجتماعية؟**

سمعت في أحد المرات حديثاً لمدير مدرسة إنجيلية معروفة، معظم تلاميذها أبناء لأسر مؤمنة ولكن المدير قال:

«إني أسال كل طالب: «عندما أرسلك أبواك إلى هذه المدرسة ما هو أهم شئ أخبراك به بشأن مستقبلك؟ هل أن تكون خادماً أميناً ليسوع المسيح؟»

يواصل مدير المدرسة ليقول: وعند هذه المرحلة لا يجيب أي من الطلبة بكلمة «نعم»

لو أن ابنك أو ابنتك سيلتحق بهذه المدرسة فكيف سيجيب عن هذا السؤال؟

الفصل الثاني عشر

عندما يفشل الآباء

تناولت في الفصول الثلاثة السابقة المسؤليات التي عَهِدَ بها الله لكل أب تجاه عائلته، فككاهن: عليه أن يتشفع لأجلهم، وكنبي عليه أن يكون ممثلاً عن الله أمامهم، وكملك عليه أن يحميهم وفقاً لمعايير بر الله.

رأينا في الفصل السابق أن فشل لوط في إتمام واجباته كأب تسبب في حدوث كارثة لعائلته بأكملها، وعلى النقيض رأينا أن الله اختار إبراهيم لأن بإمكانه الاعتماد عليه لكونه أميناً في واجباته كأب وعلى هذا الأساس وعده الله أنه سيصبح رأساً لأمة عظيمة وقوية.

يثير هذا سؤالاً هاماً: إذا كانت الأبوة الأمينة سبباً في وجود أمة مباركة وناجحة ماذا سيحدث للأمة التي يفشل آباؤها في القيام بمسئولياتهم الأساسية؟ يقدم موسى في (تثنية ٢٨) صورة واضحة عما يمكن أن نتوقعه.

ينقسم هذا الإصحاح من سفر التثنية إلى جزأين، في الأربع عشرة آية الأولى يسرد موسى كل البركات التي تأتي على شعب الله إذا أطاعوه، وفي الأربع والخمسين آية الباقية يسرد موسى اللعنات التي تأتي عليهم في حالة عصيانهم لله.

هناك آية في الجزء الأخير تتحدث عن إحدى اللعنات التي تأتي على الأمة حين يفشل الآباء في القيام بواجباتهم نحو عائلاتهم.

« **بَنِينَ وَبَنَاتٍ تَلِدُ وَلا يَكُونُونَ لكَ، لأَنَّهُمْ إلى السَّبْيِ يَذْهَبُونَ.**» (تثنية ٢٨ : ٤١).

الكلمات العبرية المستخدمة هنا توضح أن موسى يتحدث إلى الرجال، فكلمة «تلد» تشير بالأساس إلى دور الآباء في إنجاب الأطفال، لهذا فإن هذه الآية تخاطب الآباء (ولكنها ليست حصراً على الآباء فقط).

أدركت في أحد الأيام أن عدم التمتع بأولادنا لعنة، فسألت نفسي كم عدد الآباء اليوم الذين يتمتعون فعلاً بأولادهم؟ واكتشفت أنهم ليسوا كثيرين، ما السبب؟ أعتقد أنها لعنة العصيان، **فقد خلق الله الأطفال ليكونوا أعظم بركة يعطيها للرجال والنساء، ولكن عندما لا يسلك الآباء والأمهات وخاصة الآباء في طريق الرب فإن**

أولادهم وبناتهم لا يكونون سبب بركة بل لعنة.

يترجم «The New American Standard Bible» (تثنية ٢٨ : ٤١) بطريقة حرفية أكثر:

« **بَنِينَ وَبَنَاتٍ تَلِدُ وَلا يَكُونُونَ لكَ**،....». وهذا أيضاً يحدث اليوم، ففي عدد لا حصر له من العائلات نجد الأطفال لا ينتمون للآباء، فالآباء والأطفال غرباء عن بعضهم البعض، وهذا نموذج لعمل اللعنة.

حذر موسى من أن الأطفال سيذهبون «للسبي» (آية ٤١). منذ عام ١٩٦٠ رأينا في العالم الغربي ملايين الأطفال يذهبون إلى أنواع مختلفة من الأسر الشيطاني مثل المخدرات، والجنس المحرم، والسحر والأشكال المختلفة من العبادات الشيطانية، إن هؤلاء المستعبدين لمثل تلك الأشياء هم مأسورون تماماً كما لو سار جيش العدو الغازي إلى بلدة وحملهم كأسرى.

لماذا يذهب ملايين الأطفال إلى الأسر؟ نرى الإجابة في تثنية: الرفض المستمر لإتمام متطلبات بر الله وبصفة خاصة في المنزل والأسرة.

كما أشرت في الفصل التاسع فإن الأفعال والضمائر العبرية

تستخدم أشكالاً تختلف ما بين المذكر والمؤنث، وفي (تثنية ٢٨) تظهر كل الأفعال في صيغة المذكر، بمعنى آخر يضع الله المسئولية الأساسية على الرجال، ولكن هذا لا يعني إعفاء النساء المسئولية، فبالتأكيد عليهن دور، لابد من تحمله، **ولكن الفشل في القيادة هو نتيجة لتقصير الأب مما يمهد الطريق لكل الشرور الأخرى لكي تتبعه.**

إنه نفس نموذج الشر الذي حدث في جنة عدن والذي تكرر مرات لا حصر لها في التاريخ الإنساني فيما بعد، **فكما تخاذل آدم ولم ينهض بمسئوليته في حماية الجنة، مما فتح الباب للشيطان لكي يجرب حواء ويغويها، هكذا فتح الرجال المتاخذلون الطريق لطوفان الشر الذي يجتاح الآن الحضارة الغربية.**

في (ملاخي ٢ : ٧) يشير النبي إلى إحدى المسئوليات الأساسية التي يجب على الأب ككاهن أن يقوم بها بها تجاه عائلته:

«لأَنَّ شَفَتَيِ الْكَاهِنِ تَحْفَظَانِ مَعْرِفَةً، وَمِنْ فَمِهِ يَطْلُبُونَ الشَّرِيعَةَ، لأَنَّهُ رَسُولُ رَبِّ الْجُنُودِ.»

الكاهن مسئول عن معرفة ناموس الرب وتفسيره لشعب الله، وينطبق هذا أيضاً على الأب ككاهن، فيجب أن يطلب أولاده وعائلته كلمة الرب من فمه.

وماذا يحدث عندما يفشل الكهنة في أداء دورهم؟ يوضح الله:

«قَدْ هَلَكَ شَعْبِي مِنْ عَدَمِ الْمَعْرِفَةِ. لأَنَّكَ أَنْتَ رَفَضْتَ الْمَعْرِفَةَ أَرْفُضُكَ أَنَا حَتَّى لاَ تَكْهَنَ لِي. وَلأَنَّكَ نَسِيتَ شَرِيعَةَ إِلهِكَ أَنْسَى أَنَا أَيْضاً بَنِيكَ.» (هوشع ٤ : ٦).

يا لها من كلمة قوية! فالله يقول لبني إسرائيل: «توقعت أن تكونوا كهنة ولكنكم رفضتم المعرفة التي تحتاجونها»، لم تكن هذه المعرفة التي رفضوها معرفة علمانية ولكنها معرفة طريق الرب وكلمته، ونتيجة لهذا لم يعودوا مقبولين لدى الله لدرجة أنه أقسم بأنه سينسى أولادهم.

لكل أب امتياز أن يفعل كما فعل أيوب ويمارس دور الكاهن في عائلته أي أن يحمل أولاده باستمرار أمام الله في الصلاة، فهذا يحفظهم تحت حماية الله القدير، ولكن عندما يفشل الأب في إتمام خدمة التشفع ككاهن يقول الله: «سأنسى أولادك». تترجم ترجمة NIV هذه الآية كما يلي: **«وأنا أيضاً سأتجاهل أولادك»** بمعنى أن **«أولادك لن يكونوا تحت رعايتي الخاصة»**.

ظهر هذا التحذير الذي قدمه الله واضحاً لي هذه الأيام، فأحياناً أشاهد جموعاً من الشباب يتسكعون في شوارع المدينة وأسأل

نفسي، كم من شباب مثل هؤلاء لا يتمتعون برعاية الله وحمايته، لأنه ليس لهم آباء ليتشفعوا لهم؟

يتطلب هذا الموقف المحزن جيشاً من المتشفعين الذين يقفون في الثغر نيابة عن تلك العائلات، **ولكن صلاة الأب الشفاعية نيابة عن عائلته فريدة ومتميزة، فلا يمكن لأحد آخر أن يملأ الفراغ الذي يتركه الأب، فامتيازاته الفريدة تحمل معها مسئوليات فريدة.**

تشخيص ملاخي

فيما يتعلق بالتسلسل التاريخي نجد أن سفر ملاخي هو أخر أسفار العهد القديم، واللافت للنظر أن آخر كلمات هذا السفر هى كلمات لعنة، فلو لم يكن لدى الله المزيد لكي يقوله للبشرية بعد العهد القديم لكانت آخر كلمات نطق بها هى كلمات لعنة، ولكن شكراً لله على العهد الجديد الذي يظهر الطريق للخروج من تلك اللعنة.

ففيما يلي ما يقوله الله في آخر آيتين في العهد القديم:

«هانذا أرسل إليكم إيليا النبي قبل مجئ يوم الرب اليوم العظيم والمخوف. فيرد قلب الآباء على الأبناء وقلب الأبناء على آبائهم لئلا آتي وأضرب الأرض بلعن» (ملاخي ٤ : ٥ ـ ٦).

منذ أكثر من ألفي عام كشف الله لملاخي من خلال الرؤية النبوية عن أكبر وأخطر مشكلة يواجهها العالم في هذه الأيام وهي الآباء المتخاذلون والأبناء المحرومون من الآباء.

يقدم لنا خبراء الاقتصاد والمشرعون الاجتماعيون كل أنواع التشخيصات والحلول، ولكن الجذر الحقيقي للمشكلة هو في العائلة، عندما ينكر الآباء مسئولياتهم تجاه أولادهم. عادة ما يكون كلا الأبوين مذنب ولكن المسئولية الأساسية تقع على عاتق الآباء.

لابد وأن نعترف أن حركة تحرير المرأة أتت بعكس النتائج المرجوة منها، فبعيداً عن تمهيد الطريق لحصول المرأة على راتب مساوٍ نظراً لقيامها بأداء نفس العمل، فقد تحررت المرأة من التزامها بإكرام زوجها وطاعته، وتحرر الزوج بدوره من التزامه بأن يكون أميناً تجاه امرأة واحدة، لهذا يمل الزوج زوجته ويهجرها، وبعد هذا لا يكون لديه أية التزامات بل يترك المرأة لتجاهد في سبيل تربية طفل أو طفلين بمفردها، وفي معظم الحالات تصبح المرأة في حال أسوأ من ذي قبل.

أشعر بقلق عميق في قلبي تجاه الأمهات اللائي يعشن بمفردهن،

ففي كثير من الحالات يبدو لي أن الكنيسة المعاصرة لا تقوم بما يجب عليها القيام به تجاه الأم والأطفال الذين يعيشون بدون أب.

يقدم لنا الكتاب المقدس في (يعقوب ١ : ٢٧) تعريف لما يعتبره الله الديانة الحقيقية:

«اَلدِّيَانَةُ الطَّاهِرَةُ النَّقِيَّةُ عِنْدَ اللهِ الآبِ هِيَ هذِهِ: افْتِقَادُ الْيَتَامَى وَالأَرَامِلِ فِي ضِيقَتِهِمْ، وَحِفْظُ الإِنْسَانِ نَفْسَهُ بِلاَ دَنَسٍ مِنَ الْعَالَمِ.»

في بعض الأحيان أسأل نفسي ماذا سيحدث لو أن كل أسرة مسيحية أخذت ما يقوله الكتاب المقدس بكل جدية وقبلت أن تقوم بمسئوليتها تجاه طفل يتيم فعلاً وليس يتيماً بالاسم فقط؟ بمعنى أنه طفل دون رعاية أبوية مناسبة، بالتأكيد سيتطلب الأمر تضحية بقدرٍ ما من الراحة ووسائلها، ربما ستكون هناك أيضاً بعض التضحية المادية، ولكن إن فعلنا هذا بروح المحبة المسيحية، فسنزيل قدراً كبيراً من المعاناة لم يلتفت إليه أحد من قبل.

للأسف فإن عدم تفكيرنا في هذا الأمر من قبل لا يقلل من خطورة الاحتياج أو يجعله أقل إلحاحاً، يذكرني الله على عكس إراداتي بكلمات يسوع في متى ٢٥ وهو يتحدث عن الأمم الخراف:

«**بما أنكم لم تفعلوه بأحد هؤلاء...**» (آية ٤٥). لن ندان كمؤمنين في العالم الغربي على ما فعلناه بقدر ما سندان على ما لم نفعله.

كانت رسالة ملاخي موجهة لأناس أظهروا حماساً شديداً في قيامهم بالطقوس الدينية ومع ذلك تذمروا لأن الرب لا يجيب صلواتهم كما يتوقعون، وقد أشار الرب في رده عليهم إلى فشلهم كأزواج وآباء:

«**وَقَدْ فَعَلْتُمْ هَذَا ثَانِيَةً، مُغَطِّينَ مَذْبَحَ الرَّبِّ بِالدُّمُوعِ بِالْبُكَاءِ وَالصُّرَاخِ، فَلاَ تُرَاعَى التَّقْدِمَةُ بَعْدُ، وَلاَ يُقْبَلُ الْمُرْضِي مِنْ يَدِكُمْ. فَقُلْتُمْ: «لِمَاذَا؟» مِنْ أَجْلِ أَنَّ الرَّبَّ هُوَ الشَّاهِدُ بَيْنَكَ وَبَيْنَ امْرَأَةِ شَبَابِكَ الَّتِي أَنْتَ غَدَرْتَ بِهَا، وَهِيَ قَرِينَتُكَ وَامْرَأَةُ عَهْدِكَ.**»

(ملاخي ٢: ١٣-١٤).

نظر الله إلى ما وراء قناع التدين الخارجي ورأى عهود الزواج المكسورة والأزواج الذين يسيئون معاملة زوجاتهم، ربما في الوقت الحاضر يمكن أن نلخص كلمات رسالة ملاخي لتكون هكذا: «**لا يوجد شيءٌ تفعلونه في الكنيسة يعوض عما لا تفعلونه في البيت**».

بعد ذلك يلقى الرب مزيداً من الضوء على واحد من الأغراض

الأساسية للزواج من امرأة واحدة فقط كما كانت خطته من البداية:

«وَلاَ يَغْدُرْ أَحَدٌ بِامْرَأَةِ شَبَابِهِ.». (ملاخي ٢ : ١٥).

ثم أتبعها بمقولة توضح تماماً موقفهم من الطلاق

«لأَنَّهُ يَكْرَهُ الطَّلاَقَ» قَالَ الرَّبُّ إِلَهُ إِسْرَائِيلَ»

(ملاخي ٢ : ١٦).

كيف تستجيب؟

في كل مكتب حكومي في بريطانيا حيث يتم توثيق عقود الزواج تجد هذا التعريف للزواج معروضاً بوضوح: «وفقاً لقانون هذه الدولة فإن الزواج هو وحدة بين رجل واحد وامرأة واحدة مدى الحياة» وعلى مدار الزمن ابتعد البريطانيون كثيراً عن هذا المعيار وبالتالي راحت تنحدر بلادهم في كل مجالات الحياة القومية، وقليلون جداً من يهتمون اليوم بوضع كلمة «عظمى» بعد «بريطانيا».

تواجه كلمة الله الحضارة الغربية كلها وليس بريطانياً فقط ببديلين: إما استرداد علاقاتهم العائلية وبالتالي النجاة، وإما ترك

الأمور لتواصل تدهورها مما يحتم مواجهة مصيرهم المعتم في النهاية.

ستحدد استجابة الآباء طبيعة النتيجة النهائية لهذه الأزمة، فالآباء هم من يعتبرهم الله مسئولين بالأساس، ففي رسالة الله من خلال ملاخي يطلب الله أولاً أن ترد قلوب الآباء تجاه أولادهم، وبعد هذا سترد قلوب الأبناء تجاه آباءهم.

يمكن لمن ينتمون منا لأجيال متقدمة في العمر أن يتذمروا على الجيل س، أو الجيل الذي يليه أو أي جيل آخر، فيمكننا أن نشير إلى أخطائهم وفشلهم، متجاهلين أنهم ليسوا السبب في نشوء المشكلة، بل يقع اللوم على الأجيال الأسبق، فأجيالنا خانتهم وفشلت في أن ترشدهم إلى الحق كما أخفقت في تقديم التعليم الإلهى لهم، والآن يديننا الله من خلال أولادنا.

اليوم هناك الكثير من الأصوات التي تعلو مطالبة بضرورة أن تكون الكنيسة على دراية بالواقع الاجتماعي، لا يوجد أي مجال في المجتمع يمكن أن يربط الكنيسة بالمجتمع أكثر من مجال الحياة العائلية وعندما تفعل الكنيسة هذا ستتمكن من التعامل مع أكثر الأزمات إلحاحاً في وقتنا الحالي.

يجب على الكنيسة اليوم أن تقدم رسالة واضحة تصور العائلة المسيحية كما أرادها الله ، وهي رسالة تحدد أدوار الأزواج والزوجات والأطفال ، ولكن يجب أن تكون الرسالة أمينة تجاه المبادئ العظيمة التي أرساها الكتاب المقدس عبر أسفاره المتتالية ، والتي لا تقبل التغيير ، فيجب ألا تكون هناك مساومة مع مبادئ العالم التي تغلغلت في الكنيسة خلال الأجيال الثلاثة الماضية .

في الموعظة على الجبل حذر يسوع تلاميذه من أن التزامهم بتبعيته سيجعلهم محط أنظار الناس .

« **أَنْتُمْ نُورُ الْعَالَمِ. لاَ يُمْكِنُ أَنْ تُخْفَى مَدِينَةٌ مَوْضُوعَةٌ عَلَى جَبَلٍ** » (متى ٥ : ١٤) .

«**فَلْيُضِئْ نُورُكُمْ هكَذَا قُدَّامَ النَّاسِ لِكَيْ يَرَوْا أَعْمَالَكُمُ الْحَسَنَةَ وَيُمَجِّدُوا أَبَاكُمُ الَّذِي فِي السَّمَاوَاتِ.**» (متى ٥ : ١٦) .

يسوع يخبر تلاميذه أنه لا يتوقع منهم أن يكونوا مصدراً للنور في العالم المظلم وحسب ، ولكنه يخبرهم أيضاً كيف لنورهم أن يضئ من خلال أعمالهم الصالحة التي يراها الجميع .

في الفصول السابقة رأينا أن الله يريد للعائلة المسيحية أن تكون مصدراً للنور في العالم المظلم من خلال أمرين، الأول: الأزواج والزوجات والطريقة التي يتعاملون بها مع بعضهم البعض لكي ترسم صورة لعلاقة المسيح بكنيسته، والثاني، أن الآباء عليهم أن يبنوا عائلتهم بطريقة ترسم صورة لمحبة الله كأب لشعبه المؤمن. يكشف الكتاب المقدس أيضاً عن عمل أساسي يتوقعه الله من شعبه وهو الاهتمام بالأيتام والأرامل، وهذا ما يخبرنا به الكتاب المقدس في أجزاء كثيرة من العهد القديم ويؤكد أيضاً عليه العهد الجديد.

الكل يلخص في كلمة واحدة

يمكن تلخيص كل المتطلبات في كلمة واحدة لها معنى عميق هي المحبة، فتظهر المحبة من خلال ثلاثة أبعاد أساسية:

١. المحبة الحميمة بين الرجل وزوجته.

٢. المحبة الغامرة التي يشعر بها الآباء تجاه أولادهم.

٣. المحبة التي تصل للمؤمنين من خلال هؤلاء الذين ليس لديهم من يحبهم أي الأيتام والأرامل.

لو أن الكنيسة الغربية المعاصرة «مدينة موضوعة على جبل... لا يمكن أن تُخفى» فلابد وأن نسأل: كيف تبدو الكنيسة في عيون غير المؤمنين من حولها؟ وبصفة خاصة هل يرى العالم الكنيسة تتمم مسئوليتها بأن تظهر المحبة الإلهية بين المسيح وكنيسته، ومحبة الله الأبوية لعائلته؟ يجب أيضاً أن نسأل: هل يرى العالم الكنيسة تعطي مثالاً من خلال الطريقة التي تهتم بها بالأيتام والأرامل؟

هذه هى الأسئلة التي تحتاج إلى إجابة، ولا يمكننا أن نهز أكتافنا ونتجاهلها، ربما على كل مؤمن أو مؤمنة أن يقدم بنفسه إجابته أو إجابتها.

تقوم إجابتي على خبرة طويلة وواسعة في عدة دول، فأنا أحمل الجنسية الإنجليزية والأمريكية، وخدمت في أكثر من خمسين دولة بما في ذلك كل الدول الأوربية ما عدا فنلندا وبلغاريا، وفي كل الدول التي تتحدث الانجليزية وتوصلت إلى أن الكنيسة المعاصرة متكاسلة، شكراً لله فهناك بعض الاستثناءات الرائعة ولكن بالنسبة للجزء الأكبر من الكنيسة فهو لا يظهر محبة الله لا في علاقاته العائلية الأساسية ولا في رعايته للأيتام والأرمل.

تسعى المنظمات المسيحية العديدة إلى مواجهة الفشل المعاصر للقيادة الذكورية والانهيار العائلي، وهي منظمات مثل «ركز على الأسرة» تحت قيادة د. جيمس دبسون والمنظمة المقامة حديثاً «حافظوا العهد»، ولكن يجب أن نسأل أنفسنا لماذا تضاعفت تلك المجموعات وغيرها من التنظيمات التي تحاول محاكاة دور الكنيسة في النصف الأخير من القرن العشرين، الإجابة في معظم الأحوال هي أنها تحاول القيام بالمهام التي أوكلها يسوع للكنيسة أصلاً.

على الرغم من أننا قد نعجب بتلك المجموعات التي تحاول محاكاة الكنيسة وندعمها؛ إلا أنني لا أعتقد أن هذا التحول في المسئولية مقبول من جانب يسوع الذي هو رأس الكنيسة، فمازال يطلب من الكنيسة أن تعترف بمسئوليتها ينتظر منها أن تتمم هذه المسئولية، ومن الواضح أن هذا سيتطلب ثورة في الكنيسة أثناء قيامها بدورها في الوقت الحالي، **ولكن لو فشلت الكنيسة في القيام بهذا الدور، أعتقد أن يسوع سينحي الكنيسة المعاصرة جانباً وسيقيم كنيسة تتناسب مع كونها عروسه.**

هناك الكثير من العظات والصلوات التي تركز على موضوع

النهضة. ومن بين علامات النهضة في الوقت الحاضر الحقيقية أن تعترف الكنيسة بأكملها بمسئوليتها، وتقبل القيام بهذه المهام المتروكة حالياً للمنظمات الموازية للكنيسة.

هناك شئ واحد أكيد أن يسوع لن يأتي لتلك الكنيسة الموازية بل سيأتي لعروسه التي

«هَـيَّأَتْ نَفْسَـهَا. وَأُعْطِـيَتْ أَنْ تَلْبَـسَ بَـزّاً نَقِـيّاً بَهِـيّاً». (رؤيا ١٩ : ٧ ـ ٨). فمن يدعون أنهم مؤمنون ولا يقومون «بأعمال البر» المعينة لهم سَيُحْرمون من هذه الملابس وبالتالي لن يكونوا مؤهلين لحضور العرس.

فيما أقوم بعملية مسح للكنيسة المعاصرة في العالم سأظل استرجع الكلمات التي فصل بها يسوع الأمم «الجداء» لأبدية محكوم عليها بالضياع: «بما أنكم لم تفعلوه ....» يجب أن نتذكر أن المسيح لعنهم لا بسبب ما فعلوه ولكن بسبب ما لم يفعلوه.

الفصل الثالث عشر

ربما فشلت ؟

والآن بعد قراءتك لهذا القدر من الكتاب فقد حان الوقت لكي تتوقف قليلاً وتتأمل فيما قرأت. ربما تجد نفسك لأول مرة في مواجهة الصورة التي يريد الله من كل أب أن يكون عليها، فصُدِمت !

لا تتخذ رد فعل سريع، بل اقض وقتاً في التفكير وفي الصلاة لأجل هذا الأمر، اطلب من الله أن يوضح لك الصورة، وربما تكون بحاجة لقراءة الفصول الخمسة السابقة مرة أخرى.

تذكر تعريف بولس للخطية في (رومية ٣ : ٢٣) :

«إِذِ الْجَمِيعُ أَخْطَأُوا وَأَعْوَزَهُمْ مَجْدُ اللهِ».

الخطية ليست بالضرورة هي القيام بفعل الشر، ولكن الخطية في جوهرها هي السلوك في الحياة بطريقة لا تعطي لله المجد الذي يستحقه. تذكر أيضاً أن الرجال عادة ما يكونون مذنبين واقعين تحت نير الوجه السلبي للخطية (أي عدم فعل الصواب).

هناك لحظات في حياتنا يجب أن نحكم فيها على أنفسنا ، فإن فعلنا هذا يمكننا أن نطالب بالرحمة الموعودة في (١ كورنثوس ١١ : ٣١) «لأَنَّنَا لَوْ كُنَّا حَكَّمْنَا عَلَى أَنْفُسِنَا لَمَا حُكِمَ عَلَينَا».

فكر في الخدمات الثلاث الأساسية التي يجب على الأب القيام بها تجاه عائلته ألا وهى الكاهن والنبي والملك. وراجع أداءك في كل من هذه الجوانب الثلاثة واسأل نفسك بعض الأسئلة المرتبطة بهذا الأمر :

- **هل أنا أمين في التشفع اليومي المنتظم لأجل عائلتي بما أنني كاهن هذه العائلة؟ كم عدد المرات التي أشكر فيها الله لأجلهم؟**
- **إلى أي مدى كنت ممثلاً عن الله في عائلتي كنبي؟ هل أعطيتهم صورة عن الآب السماوي المحب؟ أم هل يجب أن اعترف بأن الصورة التي رسمتها أمامهم عن الله أبينا هى فعلياً صورة مشوهة وغير جذابة؟**
- **هل حكمت أولادي كملك بالتأديب المصحوب بالمحبة والحزم والذي يعدهم لكي يأخذوا مكانتهم في المجتمع كمواطنين مسئولين؟ هل وضعت حدوداً لأولادي لكي أحميهم من قوى الشر التي تعمل في عالم اليوم؟**

ما هى إجابتك عن هذه الأسئلة؟ هل تدرك أنك فعلاً «أخطأت

و (سقطت) وأعوزك مجد الله»؟ لا يوجد سبب لكي تشعر بالإحباط أو لكي تيأس، إذ أن الله يبكتنا على خطايانا لا لكي يديننا بل لكي يوجهنا نحو الشفاء الذي قدمه لنا من خلال ذبيحة ابنه يسوع المسيح على الصليب.

خطوتان بسيطتان

تذكر لنا رسالة يوحنا الأولى أحد مطالب الله البسيطة في (١ يوحنا ١ : ٩) :

«إِنِ اعْتَرَفْنَا بِخَطَايَانَا فَهُوَ أَمِينٌ وَعَادِلٌ، حَتَّى يَغْفِرَ لَنَا خَطَايَانَا وَيُطَهِّرَنَا مِنْ كُلِّ إِثْمٍ.»

عندما نعترف بكل إخلاص بخطايانا لله فهو لا يغفر لنا خطايانا وحسب ولكنه أيضاً يطهرنا من كل شعور بالذنب والفشل ويرد لنا الضمير النقي.

ولكي يكون شفاؤنا كاملاً هناك خطوة أبعد من هذا يجب أن نخطوها، إن علاقاتنا الشخصية شبيهة بشعاعين يرسمان شكل الصليب : أحداهما رأسي والآخر أفقي. يمثل الشعاع الرأسي علاقتنا مع الله أما الشعاع الأفقي فيمثل علاقتنا مع الناس،

فلو أردنا أن نضع الأمور في نصابها الصحيح فإن الخطوة الأولى التي يجب أن نهتم بها هى علاقتنا مع الله من خلال الاعتراف له بخطايانا وقبول غفرانه، والخطوة الثانية هى أن نصحح الأمور مع الآخرين بأن نعترف لهم بخطايانا في حقهم.

وهذا ما تخبرنا به رسالة (يعقوب ٥ : ١٦) :

« اِعْتَرِفُوا بَعْضُكُمْ لِبَعْضٍ بِالّزَلاَّتِ، وَصَلُّوا بَعْضُكُمْ لأَجْلِ بَعْضٍ لِكَيْ تُشْفَوْا. طِلْبَةُ الْبَارِّ تَقْتَدِرُ كَثِيراً فِي فِعْلِهَا. »

نادراً ما تتحدث الكنيسة المعاصرة عن الحاجة إلى الاعتراف بخطايانا لبعضنا البعض، وبالتالي فإن الجو في الكثير من مجموعات المؤمنين سُمم بسبب الخطية التي لم يعترف بها واتجاهات الكراهية والمرارة التي لم تُعالج أبداً. وهذا يعوق عمل الروح القدس.

سجل جون وسلي في يومياته أن سر نجاح واحدة من أكثر المجموعات المعمدانية الأولى نمواً كان اتفاق عشرة أعضاء منهم على أن يتقابلوا معاً ويعترفوا بخطاياهم لبعضهم البعض أسبوعياً.

يخبرنا الرسول في (١يوحنا ١ : ٧) أن المطلب الأول لاستمرار النقاوة الروحية هو :

«وَلَكِنْ إِنْ سَلَكْنَا فِي النُّورِ كَمَا هُوَ فِي النُّورِ، فَلَنَا شَرِكَةٌ بَعْضِنَا مَعَ بَعْضٍ، وَدَمُ يَسُوعَ الْمَسِيحِ ابْنِهِ يُطَهِّرُنَا مِنْ كُلِّ خَطِيَّةٍ.»

يشتمل «السلوك في النور» على أن نكون أمناء ومنفتحين مع بعضنا البعض، إن كل الأفعال المذكورة في هذه الآية هي أفعال في زمن المضارع المستمر «إن استمررنا في السلوك في النور... ستكون لنا شركة مستمرة... ودمه سيطهرنا باستمرار...» بمعنى آخر يرسم يوحنا أسلوب حياة مستمر.

ينطبق نفس هذا المطلب على كل المؤمنين الذين يعيشون في شركة معاً ولكن أولاً وقبل كل شئ على العائلة المسيحية، فهذا يضع مسئولية خاصة على الأب في كل عائلة.

اعترف كأبٍ

دعونا نفترض أنك أخذت الخطوة الأولى واعترفت بخطاياك لله، والآن يجب أن تأخذ الخطوة الثانية وتعترف بخطاياك لأفراد عائلتك، أولاً لزوجتك ثم لأولادك.

من المرجح أن تكون على دراية بالفعل ببعض الخطايا التي يجب عليك الاعتراف بها ولكن حتى الآن تحاول إخفاءها. دعني أخبرك

بمنتهى الصراحة أنه لا يوجد شئ يمكن أن يخفي هذه الخطايا.

فيما أكتب هذا الفصل في صورته الأولى، تلقيت خطابا غير متوقع من زوجين مؤمنين عرفتهما منذ عدة سنوات وسنطلق عليهما دافيد وروزماري.

منذ عدة شهور مضت قرر دافيد أن يصوم بطريقة خاصة أي ليس بالامتناع بصفة أساسية عن الطعام ولكن بالامتناع عن الأشياء الأخرى التي تمتلئ بها حياتنا وتجعلنا غير حساسين لصوت الروح، واشتملت القائمة على التليفزيون والأفلام والأنواع المختلفة من الموسيقى المسجلة.

شاركت روزماري في خطابها بما أخرجه هذا الصيام في حياتهما، وفيما يلي اقتبس بعض مقتطفات مما قالته:

يبدو الآن أن ما فعله الله سابقاً وما زال يفعله هو أن يظهر لنا كم القذارة والتلوث الذي تمتلئ به قلوبنا، وإني متأكدة من أنه لو اختار أن يظهر لي كل خطاياي دفعة واحدة لتوفيت في الحال، ولكنه في رحمته ولطفه يظهر لنا كل ما لا يسره ولكن خطوة خطوة، وهناك الكثير، أشعر كما لو أنني بحاجة لشهور طويلة حتى اعترف بخطيتي.... ودافيد أيضاً، في بداية الصيام أظهر الله

لدافيد بكل وضوح أن الصيام كله لن يُجْدي إن كانت لديه خطية غير معترف بها في حياته، ولهذا اعترف بكل شئ للرب وتاب. ثم قال الرب: «والآن أخبر زوجتك»، وبكل ألم واتضاع وأسف نطق دافيد بالخطايا المختبئة التي لم أعرفها من قبل أو حتى شككت فيها، ومن الواضح أن الله قد وصل بنا لهذه المرحلة واستمر معنا من خلال صوته ومن خلال الآيات الكتابية.

كان اعتراف دافيد بمثابة دعوة حقيقية لنا، ولأصدقائنا المقربين لكي نستيقظ، استخدم الله هذا الموقف لكي يظهر لنا كيف أنه بمنتهى السهولة يمكن للعالم أن يلون أذهاننا بوجهة نظره، وكيف يمكن أن تتسلل الخطية إلينا وتفرض سيطرتها، وكيف أننا كثيراً ما نعتمد على أنفسنا بدلاً من الاعتماد على الله. مرة ومرات أظهر لي الله كيف أننا لم نحرس قلوبنا، وأظهر لكل منا أموراً أصبحت بمثابة أوثان في حياتنا. تخلص دافيد من كل تلك المجموعات الموسيقية الكبيرة، ولم يكن هذا بالشيء الذي يمكنني إقناعه به بنفسي، لهذا أعلم أن الله هو الذي أقنعه.

سأصف في ثلاث كلمات ما حدث فينا: الألم، والتنقية، والنهضة، والآن صرت أفهم المعنى الحقيقي لنهضة، فالنهضة لا

تحدث في مبنى أو بين مجموعة من الناس في الحال ولكنها قلب يستسلم لمحبة الله المجيدة ويتجاوب مع تأديبه، لقد تعجبت كم كان الله لطيفاً في تعاملاته معي وشكرته لأجل هذا، فتأديبه رحيم والهدف من التأديب هو أن يردنا الله إلى رحمته.

هناك بعض الأمور العجيبة التي حدثت منذ بداية هذا الأمر، فمنذ عدة شهور طلب دافيد من مجموعة من الإخوة أن يتشاركوا معاً في تناول الإفطار يوم الاثنين من كل أسبوعين، كان الهدف هو الصلاة لأجل بعضهم البعض والمشاركة بما يحدث في حياتهم، ذهب كل من هؤلاء الرجال لزوجته واعترف ببعض الجوانب التي تحتوي على خطايا مخبأة وذلك لأن دافيد أخبرهم بما حدث معنا، وبدأ الله ينقيهم جميعاً.

الآن بدأت زوجات هذه المجموعة من الرجال في الاجتماع للصلاة لأجل أزواجهن، ورأيت في هذه الاجتماعات أجمل انسكاب للروح القدس، بمعنى أننا كزوجات لا نذهب جميعاً لنفس الكنيسة، فهذا السكيب لا يحدث في مبنى ولكنه في جسد المسيح الذي يخدم بعضه البعض، وقد كان سكيب الروح القدس رائعاً ومهيباً، وبما

أننا لا نتردد جميعاً على نفس الكنيسة فإننا نشارك بما يحدث مع هؤلاء الذين يأتون إلى كنيستنا ويبدو أن الأمر قد بدأ ينتشر .

إن ما يحدث في هذه العائلة يجب أن يحدث في ملايين العائلات حيث توجد خطية غير معترف بها في حياة الأب . يدرك كثيرون خطيتهم التي لم يعترفوا بها ومع ذلك فهم يفضلون اتجاه : «إن تجاهلت هذا الأمر لفترة طويلة ، فسيزول من تلقاء نفسه» . وهذا خداع ! فلا يوجد سوى طريقة واحدة للتعامل بفعالية مع الخطية ألا وهى القلب الملئ بالتوبة والذي يتبعه الاعتراف :

« **مَنْ يَكْتُمُ خَطَايَاهُ لاَ يَنْجَحُ، وَمَنْ يُقِرُّ بِهَا وَيَتْرُكُهَا يُرْحَمُ.**»

(أمثال ٢٨ : ١٣) .

وهذا يظهر الحاجز الحقيقي في تعاملنا مع الخطية والمتمثل في الكبرياء ، فإننا نقول لأنفسنا إن اعترفت بهذه الخطايا ، فسأشعر بالخزي. لا هذا خداع آخر ! فإن اعترفت بخطاياك ستتضِّع ، أما الخزي فهو يأتي من عدم الإعتراف .

لم يقل الله أبداً إنه يقدم لنا الاتضاع ، فالوصية التي يطالبنا بها هى : «**تواضعوا**» ، انظر على سبيل (المثال ١بطرس ٥ : ٦) . وهذا شئ لا يمكن لأحد غيرك أن يقوم به ، فلا يمكن لأحد آخر أن يجعلك متضعاً

حتى ولو كان الله! ولكن إن رفضت أن تضع نفسك فعاجلاً أم آجلاً سيأتي الوقت الذي ستشعر فيه بالخزي.

أمامك الاختيار: إما أن تضع نفسك وتثق في الله ورحمته ونعمته، وإما أن ترفض الاتضاع، وبالتالي تُعِدُّ نفسك لمواجهة الخزي بسبب ظروف خارجة عن إرادتك.

لمن نعترف

ربما تسأل: لمن يجب أن اعترف؟ قدم لنا أحدهم هذه الإجابة: يجب أن يكون الاعتراف بنفس حجم التعدي، إذن اعترف لكل من تألموا بسبب خطيتك.

فالخطية في البدء هي ضد الله، على الرغم من أن الملك داود آذى شخصين بخطيته، هما بثشبع التي زنى معها وأوريا زوجها الذي دبر لقتله إلا أنه قال لله: «إِلَيْكَ وَحْدَكَ أَخْطَأْتُ، وَالشَّرَّ قُدَّامَ عَيْنَيْكَ صَنَعْتُ،» (مزمور ٥١: ٤).

أدرك داود في نور الروح القدس أن خطيته كانت ضد الله القدوس المهوب في المقام الأول.

عندما تعترف لله تذكر أنك لا تخبره بشئ عن نفسك لا يعرفه بالفعل ، فالهدف من الاعتراف ليس أن تخبر الله ولكن أن تخرج الخطية للنور حيث يمكن لله أن يتعامل معها ، فالله لا يغفر الخطية في الظلام . إن رغبنا في الحصول على غفرانه يجب أن نكشف خطيتنا لنوره .

إن كنت لا تزال متردداً بشأن اعترافك ، دعني أذكرك بمطلب الله البسيط :

«**إِنِ اعْتَرَفْنَا بِخَطَايَانَا فَهُوَ أَمِينٌ وَعَادِلٌ، حَتَّى يَغْفِرَ لَنَا خَطَايَانَا وَيُطَهِّرَنَا مِنْ كُلِّ إِثْمٍ.**» (١ يوحنا ١ : ٩) .

إن كلمة التشجيع هذه هى كلمة تحذير أيضاً ، فإن كنت ستعترف فالله ملتزم بأن يغفر لك خطاياك ، ولكنه غير ملتزم بأن يغفر خطايا لا نرغب في الاعتراف بها .

لاحظ أيضاً أنه عندما يغفر الله ، فهو يطهرنا من كل عدم بر مرتبط بخطيتنا ، فلو أن الله غفر لك خطيتك فأنت أيضاً قد تطهرت من كل عدم بر ، ولكن إن لم يتطهر قلبك هذا ربما يشير إلى أن خطيتك لم تغفر بعد ، وأنك لم تتب حقاً .

في معظم الحالات تؤثّر الخطايا التي نرتكبها على آخرين، حينئذٍ يجب على قدر الإمكان أن نعترف لأي شخص ولكل شخص تأثر بسبب خطيتنا.

إن أخطأ الأب في العائلة فربما تؤثر خطيته على كل العائلة بطريقة أو بأخرى، وأول شخص يجب عليه أن يعترف له هو زوجته، وإن كان أولاده صغاراً وغير ناضجين فيجب أن يكون حذراً ألا يتحدث عن خطيته بطريقة قد تجرح ضمائرهم الرقيقة.

يجب أن يسأل الأب بإخلاص من الله أن يمهد الطريق أمامه ويعد قلب عائلته قبل أن يعترف، ويجب أن يطلب من الله أن يقوده للوقت والطريقة التي سيعترف بها.

إن كنت صادقاً ومنفتحاً على الروح القدس فسيظهر لك خطايا معينة يجب أن تعترف بها، ومن بين الخطايا التي عادة ما تعلن عن نفسها في الآباء خطايا عدم الصبر، والضجر وعدم التحكم في الغضب، فالآباء مثلهم مثل كل الرجال يقعون أحياناً فريسة لعدم النقاوة الجنسية سواء بالفعل أو في الخيال. وهناك خطية تستعبد جمعاً غفيراً من الرجال اليوم ألا وهى خطية الصور الإباحية. لم يتحدث الكتاب المقدس أبداً عن خطية «صغيرة»، ويذكرنا الرسول في (١يوحنا ٥ : ١٧) «**كُل إثْمٍ هُوَ خَطِيَّة**» فلا يوجد وسط بين البر

والخطية، فأي شئ ليس براً فهو خطية.

من ناحية أخرى يصنف الكتاب المقدس بعض الخطايا على أنها خطايا عظيمة، عندما جُرِّبَ يوسف لكي يزني مع زوجة فوطيفار صرخ: «**فَكَيْفَ أَصْنَعُ هَذَا الشَّرَّ الْعَظِيمَ وَأُخْطِئُ إِلَى اللهِ؟**» (تكوين ٣٩ : ٩). أدرك يوسف مثله مثل داود أنه سيخطئ أولاً وقبل كل شئ إلى الله.

خارج منطقة الوسط

يعيش كثير من المؤمنين اليوم فيما أطلق عليه «منطقة الوسط والفتور الروحي» فهم لا يسيرون في ضوء الشمس الواضح وما يمثله من حياة نقية تماماً أمام الله، ولا يسيرون في ظلمة الليل من استباحة كاملة للخطية.

ولكن الكتاب المقدس لا يترك مكاناً للحيادية الروحية، فلو كان هدفك هو أن تكون واحداً من الآباء الذين يبحث الله عنهم، فيجب أن تكون راغباً في أن تفتح قلبك بالكامل وحياتك له. وعندما تسمح له أن يفضح كل خطية وأن ينقيك فستخرج من مرحلة الفتور تلك إلى ضوء النهار الكامل الذي يرضي الله، وهناك ستفهم معنى أن تكون أباً.

الفصل الرابع عشر

لكن يمكنك أن تـنجح !

بعد قراءتك للفصول السابقة لابد وأن تكون قد انكشفت أمامك بعض الجوانب السلبية في حياتك، وربما تكون قد أدركت أنك لم تكن الأب الذي يريده الله والذي تحتاجه عائلتك بشدة.

وقد آن الأوان لكي تتخذ قراراً، أدر ظهرك لفشلك وكرس نفسك لله للقيام بخدمة الأب، فلو أنك مستعد لكي تفعل هذا ففيما يلي أربع خطوات عليك أن تتخذها.

١ . خذ مكانتك كرأس للمنزل

يتطلب هذا الأمر قراراً والتزاماً، صلِّ مستخدماً كلمات شبيهة بما يلي: «يا رب، أدرك أنك تعتبرني مسئولاً عن عائلتي بصفتي رأساً لها، وإني الأن أتقبل مكانتي وما يصاحبها من مسئوليات بقرار إرداي مني، أكرس نفسي لك لأجل إتمام هذه المهمة».

بمجرد أن تتعهد بهذا سيمدك الله بالسلطان كأب يجب أن يكون رأساً لعائلته، وهذا وفقاً لمبدأ نراه واضحاً في كل الكتاب المقدس: ألا

وهو أن الله لا يعطي أبداً مسئولية دون أن يعطي سلطاناً، وهو لا يعطي سلطاناً دون أن يعطي مسئولية.

في أحد مراحل خدمة يسوع أرسل قائد روماني رسله ليطلب من يسوع أن يأتي ويشفي خادمه الذي كان على أعتاب الموت، فاستجاب يسوع وذهب مع الرسل الذين أرسلهم هذا القائد الروماني إلى منزله، ولكن قبل أن يصل إلى هناك، أرسل القائد أصدقاءه ليخبروا الرب:

«**يَا سَيِّدُ، لاَ تَتْعَبْ. لأَنِّي لَسْتُ مُسْتَحِقّاً أَنْ تَدْخُلَ تَحْتَ سَقْفِي. لِذلِكَ لَمْ أَحْسِبْ نَفْسِي أَهْلاً أَنْ آتِيَ إِلَيْكَ. لكِنْ قُلْ كَلِمَةً فَيَبْرَأَ غُلاَمِي. لأَنِّي أَنَا أَيْضاً إِنْسَانٌ مُرَتَّبٌ تَحْتَ سُلْطَانٍ. لِي جُنْدٌ تَحْتَ يَدِي. وَأَقُولُ لِهذَا: اذْهَبْ فَيَذْهَبُ، وَلآخَرَ: ائْتِ فَيَأْتِي، وَلِعَبْدِي: افْعَلْ هذَا فَيَفْعَلُ**». (لوقا ٧ : ٦ - ٨).

أدرك هذا القائد الروماني أن سلطان يسوع في العالم الروحي يشبه سلطانه في النظام العسكري، ولخص الأمر في عبارة واحدة مختصرة عن السلطان الأساسي. **فالسلطان دائماً ما ينتقل من أعلى لأسفل.**

في نهاية خدمة يسوع الأرضية أخبر تلاميذه:

« **دُفِعَ إِلَيَّ كُلُّ سُلْطَانٍ فِي السَّمَاءِ وَعَلَى الأَرْضِ** » (متى ٢٨ : ١٨).

وبالتالي فإن كل سلطان حقيقي في الكون انتقل من الله الآب من خلال يسوع الابن، يصف بولس في ١ كورنثوس ١١ : ٣ كيف أن هذه السلسلة من السلطان تنتقل إلى كل عائلة على الأرض:

«وَلَكِنْ أُرِيدُ أَنْ تَعْلَمُوا أَنَّ رَأْسَ كُلِّ رَجُلٍ هُوَ الْمَسِيحُ. وَأَمَّا رَأْسُ الْمَرْأَةِ فَهُوَ الرَّجُلُ. وَرَأْسُ الْمَسِيحِ هُوَ اللّٰه.»

قد يبدو هذا واضحاً من خلال الشكل التالي:

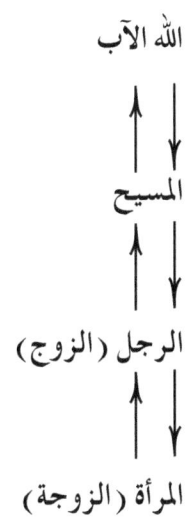

الله الآب

↑↓

المسيح

↑↓

الرجل (الزوج)

↑↓

المرأة (الزوجة)

إذاً تعتمد سلطتك كزوج وأب على خضوعك ليسوع، فبقدر خضوعك له بوصفه رأساً لك سوف يتدفق كل سلطان في السماء من خلالك إلى عائلتك، وستتحرك بفعالية كرأس لهذه العائلة. من ناحية أخرى إن لم تكن خاضعاً ليسوع فربما تُحَمِّل نفسك مجهوداً جسدياً وربما تصرخ وتتعثر قدماك، وربما تغضب وربما أيضاً تتحول إلى شخص عنيف، ولكنك لا زلت تفتقر إلى شئ واحد وهو السلطان الحقيقي

المعطى من الله والذي يمكنه وحده أن يجعلك رأساً فعالاً لعائلتك.

٢. ثق أن الله يمنحك النعمة التي تحتاجها

إن كونك أباً هو دعوة من الله مقدسة تماماً مثلها مثل دعوة الله لكي تكون مبشراً أو راعياً، فلو أن الله دعاك لأي من هاتين الخدمتين فلن تعتمد فقط على قدراتك ولكنك ستطلب من الله نعمة خاصة لكي تنجح، وهكذا أيضاً عليك أن تثق أن الله سيمنحك النعمة التي تحتاجها لكي تكون أباً ناجحاً.

وفيما يلي بعض الكلمات من (عبرانيين ٤ : ١٦) لتشجعك:

«فَلْنَتَقَدَّمْ بِثِقَةٍ إِلَى عَرْشِ النِّعْمَةِ لِكَيْ نَنَالَ رَحْمَةً، وَنَجِدَ نِعْمَةً، عَوْناً فِي حِينِهِ.»

لاحظ أنه من خلال يسوع لك الحق في الدخول مباشرة إلى عرش الله الذي يملك على الكون كله، ويتحكم في كل موقف وكل شخص، لاحظ أيضاً أنه عرش النعمة الذي منه يأتي رضا الله المجاني لكل الذين يأتون من خلال ذبيحة يسوع على الصليب، فأنت مدعو لكي تأتي بكل ثقة لا بتردد أو شك، فلست متسولاً متذللاً ولكنك ابن لله أبيك الذي يرحب بك في محضره في كل وقت.

عندما تأتي لله على هذا الأساس فإنه يمنحك شيئين: الرحمة والنعمة، ولا يمكنك أن تنال أياً منهما بمقابل، بل يجب أن تقبلهما كعطايا مجانية من الله.

رحمة للماضي

تهتم الرحمة بالماضي، فهي تغطي كل الأخطاء والفشل الذي يجعلك تشعر بأنك غير مؤهل، وبمجرد أن تعترف بخطية وتتوب عنها لن تأتي عليك دينونة بسببها.

ربما يهاجم الشيطان ذاكرتك بمشاهد من الماضي تسترجعها أمامك كما لو كانت مشاهد حية، أوقات تصرفت فيها أو اتخذت ردود أفعال لا تليق بك كأب ولكن بمجرد أن تتوب عنها وتعترف بهذه الخطايا فإن رسالة الإنجيل الرائعة تعلن أن الله لا يذكر تلك الخطايا.

يعبر الكتاب المقدس عن هذا الأمر بطريقة جميلة ورائعة في (ميخا ٧: ١٨ - ١٩):

« مَنْ هُوَ إِلَهٌ مِثْلُكَ، غَافِرُ الإِثْمِ، وَصَافِحٌ عَنِ الذَّنْبِ لِبَقِيَّةِ مِيرَاثِهِ! لاَ يَحْفَظُ إِلَى الأَبَدِ غَضَبَهُ، فَإِنَّهُ يُسَرُّ بِالرَّأْفَةِ. يَعُودُ يَرْحَمُنَا. يَدُوسُ آثَامَنَا، وَتُطْرَحُ فِي أَعْمَاقِ الْبَحْرِ جَمِيعُ خَطَايَاهُمْ.»

عندما تفي بالشروط التي يضعها الله فإنه يطرح وراء ظهره في

أعماق محيطات النسيان. أضافت كوري تن بووم: «عندما يطرح الله خطايانا في المحيط، فهو يضع عليها علامة: غير مسموح بالصيد». فإن كان الله القدير قد نسى خطاياك، فلماذا يجب عليك أن تتذكرها؟

النعمة للمستقبل

بمجرد أن تتعامل مع ماضيك يمكنك أن تنظر إلى مستقبلك لتحصل على النعمة التي تحتاجها لكي تنجح في إتمام دعوتك كأب، فالنعمة مثلها مثل الرحمة أمر لا يمكننا الحصول عليه بمجهودنا ولكننا نحصل على النعمة بالإيمان.

تعرف النعمة بأنها رضا الله الكامل الذي يهبه مجاناً لأناس لا يستحقونه، ينظر الله لك بالنعمة بسبب علاقتك به من خلال يسوع المسيح، فهو يستمتع بك، ويريد الأفضل لك، وهو يريدك أن تنجح في كل الظروف وبصفة خاصة كأب.

تحمل الرسول بولس تجارب قاسية وضغوط، وفي مرحلة ما صرخ لله لأجل الإنقاذ ولكن الله أجابه: «تَكْفِيكَ نِعْمَتِي» (٢ كورنثوس ١٢: ٩)، وستكون هذه النعمة كافية لك أيضاً، ربما لن تجتاز نفس الاختبارات والتجارب التي مر بها بولس ولكن مهما كان الموقف الذي تمر به أو الاختبار الذي تجتازه فرسالة الله لبولس لا تزال رسالة لك اليوم:

«**تَكْفِيكَ نِعْمَتِي**» .

تتحرك النعمة فيما وراء قدراتنا الطبيعية ، فعندما تنضب مصادرنا يمكننا أن ننظر إلى الله من أجل نعمته فهو يساعدنا بطريقة خارقة للطبيعة ، تبدأ النعمة حيث تنتهي قدراتنا .

ينطبق هذا عليك كأب ، فستأتي أوقات تشعر فيها بأنك غير قادر على تحمل مسئولياتك ، وعندها ستحتاج إلى التمسك بنعمة الله ، اعترف بكل صراحة له بأنه قد نضب معينك ، وأخبره : «يا رب إني أعتمد عليك لكي تفعل كل ما هو مستحيل بالنسبة لي» .

عندها ستصل إلى ما اكتشفه بولس أنه عندما تصل إلى نهاية إمكانيتك فستختبر مدى غنى نعمة الله وفاعليتها ، وستردد مع بولس قوله : «**لأَنِّي حِينَّمَا أَنَا ضَعِيفٌ فَحِينَئِذٍ أَنَا قَوِيٌّ**» (٢ كورنثوس ١٢ : ١٠) .

٣. قَيِّم آدائك لمهامك كأب

ربما تحتاج إلى قراءة كلٍّ من الفصل الثامن والتاسع والعاشر مرة أخرى ، والتي تتناول مسئولية الأب ككاهن ونبي وملك في عائلته ، لتكتب ملاحظاتك عن نقاط ضعفك ، وعندها صلِّ واطلب من الرب أن يظهر لك كيف يمكنك أن تكون أفضل .

لكن تذكر أن الله يقف إلى جانبك، وهو مسرور بقرارك قبول مسئوليتك كرأس لعائلتك، وتذكر أيضاً أنه عندما تعتمد بالكامل عليه سنكتشف أنه فعلاً أهّل لكل ثقة !

٤. كرس وقتاً كافياً لمهمتك

إن ترتيب الوقت وتقسيمه جانب مهم جداً في ترتيب الأولويات، ومقدار الوقت الذي نقضيه مع أطفالنا هو أحد المعايير التي يحدد بها الأطفال مدى أهميتهم بالنسبة لنا، في المجتمع الغربي المعاصر نجد أنفسنا تحت ضغوط متزايدة، فنميل إلى قياس نجاحنا بمقدار السرعة التي نؤدي بها المهام المطلوبة منا، ولكن هذه ليست طريقة دقيقة لقياس النجاح في العلاقات الشخصية على الأقل فيما يتعلق بعلاقاتنا بأطفالنا.

قرأت عن زوجين يتمتع كلٌّ منهما بقدر وافر من النجاح في عمله، ولنفترض أن الزوجة تعمل محامية والزوج في أحد مجالات العمل الحر، وكانا مثل كثير من الآباء في هذه الأيام يرغبان في اقتطاع جزء صغير من وقتهما وجعله «وقتاً خاصاً» لأطفالهما، وكانا يؤكدان على أن كل اهتمامهما وتركيزهما سيكون منصباً على أطفالهما أثناء ذلك «الوقت الخاص».

لم أفهم تماماً ما سوف يفعلانه مع أطفالهما في تلك الأوقات الخاصة

ولكن تعليقي هو : لو أنني أحد أطفالهم فما كنت لأشعر بالشبع والإكتفاء بجزء مخصص مما يطلق عليه وقتاً خاصاً، فما كنت سأريده فعلاً وما أعتقد أن كل طفل يرغب فيه هو أن يشعر أن أبويه موجودان لأجله وأنهما موجودان متى احتاجهما.

يجب أن يسأل البعض منا وخاصة الآباء أنفسهم كيف سنشعر لو أن أبانا السماوي قد خصص قدراً محدداً من وقته ليتواجد معنا، ولكن الأمر المبهج أن الله أبانا ليس هكذا، فهو موجود دائماً على مدار الساعة ووعده هو :

« وَيَكُونُ أَنِّي قَبْلَمَا يَدْعُونَ أَنَا أُجِيبُ، وَفِيمَا هُمْ يَتَكَلَّمُونَ بَعْدُ أَنَا أَسْمَعُ.» (أشعياء ٦٥ : ٢٤).

لا يمكن إنكار أن كل الآباء يعانون من المحدودية، سواء على المستوى الجسدي أو النفسي، لكن يجب أن نؤكد على أن الأمر لا تحسمه الساعات التي نقضيها كل يوم مع أولادنا، ولكن المهم أن يشعروا أننا موجودون لأجلهم، وأننا نصغى لهم باهتمام حين يتحدثون إلينا. هل يمكنك أن تؤكد لهم كما يؤكد لنا الله: «وفيما هم يتكلمون بعد أنا أسمع»

منذ عدة سنوات عندما كان يعيش أطفالنا معنا أنا وليديا في المنزل

كنا نجلس كعائلة حول المائدة لنتناول طعام العشاء ونتشارك بشكل ودي في كثير من أمور الله. وكانت واحدة من بناتي وهى في العاشرة تقريباً تجلس على ركبتي، وبلا مقدمات وبدون أن يصلي أحد لأجلها حصلت على زيارة خارقة للطبيعة من الروح القدس وبدأت تعبد الرب بلغة جديدة أعطاها الروح نفسه أن تنطق بها.

فيما بعد سألت نفسي، لماذا انفتحت على الروح القدس في تلك اللحظة بالذات؟ وخَلُصت إلى أنه في تلك اللحظة تحديداً وأثناء جلوسها على ركبتي شعرت بأنها مقبولة تماماً وشعرت بالأمان، فانكسر كل حاجز أمام الروح القدس.

يحتاج كل أب منا أن يسأل نفسه: هل الجو في منزلي جو قبول وشعور بالأمان؟ سيحتاج الأمر إلى أكثر من مجرد فترات مختصرة من الوقت المخصص لكي تخلق مثل هذا الجو في منزلك، وربما يتطلب بعض التضحية من جانبك، وربما يكون عليك أن تتخلى مؤقتاً على الأقل عن هوايتك أو رياضتك المحببة، ولكن عندما تفعل هذا ستتواصل مع ابنك بلغة لا يعبر عنها بالكلمات، وستقول: «**إلى هذا الحد أعتقد أنك هام بالنسبة لي**».

الفصل الخامس عشر

الأبوة الروحية

ذكرت في الفصل الثامن أن الأب الحقيقي هو أكثر الصُّوَرِ اكتمالاً في التعبير عن الله ضمن إطار العلاقات الإنسانية، لأن الأبوة هي إعلان واضح عن الله نفسه، قد ينزعج البعض من هذا الكلام قائلين: «ولكني لست متزوجاً» وقد يقول آخر: «أنا متزوج ولكن ليس لدي أطفال هل هذا يعني أنه لا يمكنني أبداً أن أنقل صورة الله فعلاً؟»

نشكر الله لأن الإجابة عن هذا السؤال هي لا، ربما لا تكون أباً بالطريقة الطبيعية المعروفة، ولكن تظل هناك صورة أخرى للأبوة مفتوحة أمامك ألا وهي الأبوة الروحية، أعني ذلك الشكل من الأبوة الذي يأتي نتيجة للعلاقة الروحية لا الجسدية، وهذا النوع من الأبوة لا يعد أقل مرتبة من الأبوة الطبيعية بأي حال من الأحوال، ولا ينبغي النظر إليه على أنه علاقة من الدرجة الثانية. في الواقع تجسد كثير من الشخصيات الكتابية المؤثرة تلك الأبوة الروحية.

يعد إبراهيم أول وأكثر الأمثلة المؤثرة في هذا الإطار، بالطبع كان أباً لأولاد طبيعيين من هاجر وسارة وأخيراً قطورة، ولكن الكتاب المقدس يضع إبراهيم أمامنا كنموذج للأبوة الروحية.

يخبرنا بولس في (رومية ٤ : ١٣):

«فَإِنَّهُ لَيْسَ بِالنَّامُوسِ كَانَ الْوَعْدُ لإِبْرَاهِيمَ أَوْ لِنَسْلِهِ أَنْ يَكُونَ وَارِثًا لِلْعَالَمِ، بَلْ بِبِرِّ الإِيمَانِ.»

ويستمر قائلاً:

«لِهذَا هُوَ مِنَ الإِيمَانِ، كَيْ يَكُونَ عَلَى سَبِيلِ النِّعْمَةِ، لِيَكُونَ الْوَعْدُ وَطِيدًا لِجَمِيعِ النَّسْلِ. لَيْسَ لِمَنْ هُوَ مِنَ النَّامُوسِ فَقَطْ، بَلْ أَيْضًا لِمَنْ هُوَ مِنْ إِيمَانِ إِبْرَاهِيمَ، الَّذِي هُوَ أَبٌ لِجَمِيعِنَا. كَمَا هُوَ مَكْتُوبٌ: «إِنِّي قَدْ جَعَلْتُكَ أَبًا لأُمَمٍ كَثِيرَةٍ». أَمَامَ اللهِ الَّذِي آمَنَ بِهِ، الَّذِي يُحْيِي الْمَوْتَى، وَيَدْعُو الأَشْيَاءَ غَيْرَ الْمَوْجُودَةِ كَأَنَّهَا مَوْجُودَةٌ. فَهُوَ عَلَى خِلاَفِ الرَّجَاءِ، آمَنَ عَلَى الرَّجَاءِ، لِكَيْ يَصِيرَ أَبًا لأُمَمٍ كَثِيرَةٍ، كَمَا قِيلَ: «هكَذَا يَكُونُ نَسْلُكَ» (رومية ٤ : ١٦ - ١٨).

من الناحية الروحية، أصبح إبراهيم أباً لأمم عديدة، على أي أساس منح إبراهيم هذا الامتياز؟ على أساس إيمانه الثابت الذي لا يتزعزع والذي عبر عنه بطاعته من كل القلب، وعبر إبراهيم عن

هذا الأمر تماماً في رده على طلب الله بتقديم ابنه اسحق ذبيحة لله.

بهذا أعد إبراهيم طريقاً لكل المؤمنين الذين تبعوه، وقد أكد بولس في (رومية ٤ : ٢٠) على ثبات إيمان إبراهيم:

«وَلاَ بِعَدَمِ إِيمَانٍ ارْتَابَ فِي وَعْدِ اللهِ، بَلْ تَقَوَّى بِالإِيمَانِ مُعْطِيًا مَجْدًا للهِ.»

نموذج بولس

كما يعد الرسول بولس نموذجاً رائعاً للأبوة الروحية، فقد كتب في (١ كورنثوس ٤ : ١٤-١٦) للمؤمنين قائلاً:

«لَيْسَ لِكَيْ أُخَجِّلَكُمْ أَكْتُبُ بِهذَا، بَلْ كَأَوْلاَدِي الأَحِبَّاءِ أُنْذِرُكُمْ. لأَنَّهُ وَإِنْ كَانَ لَكُمْ رَبَوَاتٌ مِنَ الْمُرْشِدِينَ فِي الْمَسِيحِ، لكِنْ لَيْسَ آبَاءٌ كَثِيرُونَ. لأَنِّي أَنَا وَلَدْتُكُمْ فِي الْمَسِيحِ يَسُوعَ بِالإِنْجِيلِ. فَأَطْلُبُ إِلَيْكُمْ أَنْ تَكُونُوا مُتَمَثِّلِينَ بِي»

في كورنثوس كان بولس أباً لجموع غفيرة من المؤمنين الذين وُلِدُوا من خلال بذار الإنجيل التي زرعها في قلوبهم، وهكذا نجد أن خادم الرب الذي يكرز بكلمة الله يمكن أن يحصل على الكثير من الأطفال الروحيين.

لكن يجب أن نتذكر المبدأ الذي أخبرنا به الله في بداية الخليقة في (تكوين ١ : ٢٩) :

«وَقَالَ اللهُ : «إِنِّي قَدْ أَعْطَيْتُكُمْ كُلَّ بَقْلٍ يُبْزِرُ بِزْرًا عَلَى وَجْهِ كُلِّ الأَرْضِ، وَكُلَّ شَجَرٍ فِيهِ ثَمَرُ شَجَرٍ يُبْزِرُ بِزْرًا لَكُمْ يَكُونُ طَعَامًا.»

إن الشجرة الحية هي القادرة على إعطاء ثمرٍ يبزر بزراً، لهذا فإن العظة الخارجة من حياة بلا ثمر لا تحوي بزراً يمكن أن ينتج حياة في الآخرين، وهذا هو السبب وراء وجود الكثير من الوعظ الذي لا ينتج عنه سوى رد فعل عاطفي مؤقت ولكنه لا يحمل ثمراً دائماً.

أوضح بولس في (فيلبي ٢ : ٢٠ ـ ٢٢) شكلاً آخر من أشكال الأبوة الروحية، فقد قال لشريكه في العمل تيموثاوس :

«لأَنْ لَيْسَ لِي أَحَدٌ آخَرُ نَظِيرُ نَفْسِي يَهْتَمُّ بِأَحْوَالِكُمْ بِإِخْلاَصٍ، إِذِ الْجَمِيعُ يَطْلُبُونَ مَا هُوَ لأَنْفُسِهِمْ لاَ مَا هُوَ لِيَسُوعَ الْمَسِيحِ. وَأَمَّا اخْتِبَارُهُ فَأَنْتُمْ تَعْرِفُونَ أَنَّهُ كَوَلَدٍ مَعَ أَبٍ خَدَمَ مَعِي لأَجْلِ الإِنْجِيلِ.»

يشير جزء من القصة التي يحكيها بولس عن رحلته التبشيرية الثانية المذكورة في (أعمال الرسل ١٦ : ١ ـ ٣) أنه عندما تقابل بولس لأول مرة مع تيموثاوس في منطقة دربة وليستره، كان تيموثاوس

مؤمناً بالفعل وذلك بشهادة القادة في الكنيسة المحلية، وقد دعاه بولس ليصاحبه في العديد من رحلاته لأنه رأى في هذا الشاب تميُّزاً روحياً، ومن ذلك الوقت أصبح تيموثاوس شريك العمل الذي يثق فيه بولس وقد توطدت علاقتهما واستمرت إلى أن انتقل بولس.

في هذه الحالة أصبح بولس أباً لـ«تيموثاوس» لا لأنه ربحه للمسيح عن طريق الكرازة بالإنجيل ولكن من خلال العلاقة الشخصية التي دخل فيها بولس مع تيموثاوس كشريك موثوق به في العمل، وهكذا لم يحصل تيموثاوس على إرشادات روحية فقط من بولس ولكنه تبعه في مختلف مراحل خدمته، وكان يرى كيف يعيش بولس تعاليمه في حياته اليومية تحت أشكال مختلفة ومتعددة من الضغوط.

كتب بولس لتيموثاوس قرب نهاية حياته يقول:

«وَأَمَّا أَنْتَ فَقَدْ تَبِعْتَ تَعْلِيمِي، وَسِيرَتِي، وَقَصْدِي، وَإِيمَانِي، وَأَنَاتِي، وَمَحَبَّتِي، وَصَبْرِي، وَاضْطِهَادَاتِي، وَآلاَمِي، مِثْلَ مَا أَصَابَنِي فِي أَنْطَاكِيَةَ وَإِيقُونِيَّةَ وَلِسْتِرَةَ. أَيَّةَ اضْطِهَادَاتٍ احْتَمَلْتُ! وَمِنَ الْجَمِيعِ أَنْقَذَنِي الرَّبُّ. وَجَمِيعُ الَّذِينَ يُرِيدُونَ أَنْ يَعِيشُوا بِالتَّقْوَى فِي الْمَسِيحِ يَسُوعَ يُضْطَهَدُونَ.» (٢تيموثاوس ٣: ١٠ ـ ١٢).

إن التوجيهات التي قبلها تيموثاوس من بولس لم تأخذ شكل دروس في قاعة للمحاضرات ولكنها توجيهات مستمدة من احتكاك بولس بكل مصاعب الحياة المليئة بالضغوط، فلم يسمع تيموثاوس لوعظ بولس وحسب، ولكن الأهم هو أنه رأى كيف مارس بولس فعلياً ما وعظ به، ومن خلال هذه المصاحبة الشخصية العميقة أصبح بولس أباً لتيموثاوس.

استمتع بولس بالدخول في علاقة مع عدد من الشباب ولكن علاقته بتيموثاوس كانت متميزة جداً، وقد اشتملت قائمة هؤلاء الشباب على تيطس وسُوبَاتَرُسُ من بيريه أَرَسْتَرْخُسُ وَسَكُونْدُسُ وَغَايُوسُ الدَّرْبِيُّ وَتِيمُوثَاوُسُ وَمِنْ أَهْلِ أَسِيَّا: تِيخِيكُسُ وَتُرُوفِيمُسُ.

هناك حاجة ماسة في الكنيسة المعاصرة لرجال يلعبون الدور الذي قام به بولس في حياة تيموثاوس، وقد أشرت بالفعل إلى أن مجتمعاتنا الحالية في حاجة ماسة لآباء حقيقيين، واحتياج الكنيسة ليس أقل من احتياج المجتمع، فلدينا رجال يمكن أن يلعبوا دوراً في عملية التنظيم وإلقاء العظات ويخدمون ويقومون بكل

أنواع الوظائف الروحية، ولكن كم عدد الذين يقدمون أنفسهم للشباب الأصغر ويشاركونهم أفراحهم وأحزانهم في الحياة المسيحية الجافة والمتقلبة؟ كم عدد الذين يريدون المشاركة بلحظات ضعفهم وفشلهم إن وجد؟

قدم بولس في (١ تسالونيكي) ما قد ندعوه «الجيل الثالث» من الأبوة الروحية، فتحدث نيابة عن سيلا وتيموثاوس وكذلك عن نفسه:

«كما تعلمون كيف كنا نعظ كل واحد منكم كالأب لأولاده ونشجعكم ونشهدكم لكي تسلكوا كما يحق لله الذي دعاكم إلى ملكوته ومجده»

(١ تسالونيكي ٢: ١١-١٢).

ساعد بولس هنا كلاً من تيموثاوس وسيلا في القيام بدور الأب الروحي في العلاقة بالمؤمنين من أهل تسالونيكي، وهكذا فإن الابن الروحي لبولس نراه الآن أباً روحياً لأهل تسالونيكي، وهكذا نرى أمامنا ثلاثة أجيال روحية، بولس كأب لتيموثاوس الذي كان بدوره أباً لأهل تسالونيكي، ويمكننا أن نوضح هذه العلاقة كما يلي:

بولس

↓

تيموثاوس

↓

أهل تسالونيكي

حياة الإيمان والطاعة

أشرت في الفصل السابع إلى أن يسوع لم يعلن الآب لتلاميذه كمفهوم لاهوتي، فكما قال في (يوحنا ١٧ : ٦) فهو : «أظهر» اسم الآب لهم من خلال الطريقة التي عاش بها حياته أمامهم، فقد كانت حياة الاتصال الدائم بالآب، والاتكال الكامل عليه لحظة بلحظة والطاعة الدائمة لإرادته.

ولا يمكن وصف الأبوة الروحية على أنها مجرد علاقة أو مفهوم لاهوتي، فلا بد من التعبير عنها من خلال حياة الإيمان والطاعة لتكون نموذجاً يتبعه الآخرون.

يجب على الأب الروحي أن يكون قادراً على أن يقدم نفس

الوصية التي قدمها يسوع لتلاميذه: «اتبعني» أو كما قال بولس للمؤمنين في كورنثوس:

«كُونُوا مُتَمَثِّلِينَ بِي كَمَا أَنَا أَيْضاً بِالْمَسِيحِ.»

(١كورنثوس ١١: ١).

تأسست القاعدة التالية في أحد الجيوش الحديثة، فلا يقول القائد لقواته: «تقدموا» ولكنه يقول: «ورائي!» ينطبق نفس الأمر على جيش الرب.

فيما يتعلق بنطاق الشخصية فالرب يخضع تلاميذه وخدامه لأكثر الاختبارات صرامة، فلابد أن نسأل ما هي المتطلبات التي يجب توافرها في شخصية الرجل الذي يرغب في القيام بدور الأب الروحي، للإجابة عن هذا السؤال ربما نلخص باختصار السمات الشخصية الرئيسية للرجال الذين قاموا بدور الآباء الروحيين.

إبراهيم

من أهم السمات التي ميزت شخصية إبراهيم هو إيمانه الثابت وطاعته الكاملة والفورية للرب كما سبق وذكرت، وقد ظهر هذا بوضوح عندما طلب منه الله أن يقدم اسحق ابنه كذبيحة.

بدون شك كان اسحق أغلى ما في حياة إبراهيم، وكان اسحق هو القناة التي سيحصل من خلالها إبراهيم على كل البركات التي وعده الله بها كما يشير الكاتب في رسالة العبرانيين، ولكن إبراهيم لم يتردد، ولم يطع فقط ولكنه أطاع بثبات ودون تردد:

«فَبَكَّرَ إِبْرَاهِيمُ صَبَاحاً وَشَدَّ عَلَى حِمَارِهِ، وَأَخَذَ اثْنَيْنِ مِنْ غِلْمَانِهِ مَعَهُ وَإِسْحَاقَ ابْنَهُ وَشَقَّقَ حَطَباً لِمُحْرَقَةٍ، وَقَامَ وَذَهَبَ إِلَى الْمَوْضِعِ الَّذِي قَالَ لَهُ اللهُ.» (تكوين ٢٢: ٣).

بولس

أصبح بولس أباً لكثير من المؤمنين في كورنثوس من خلال رسالة الإنجيل وذلك لسببين

أولاً: في كرازته لم يقدم بولس إجابة بسيطة وسهلة عن مشكلات الحياة كما يفعل بعض الوعاظ اليوم، فقد ركزت رسالته لأهل كورنثوس على الصليب، وأكد بولس في (١ كورنثوس ٢: ١-٢) على هذا:

«وَأَنَا لَمَّا أَتَيْتُ إِلَيْكُمْ أَيُّهَا الإِخْوَةُ أَتَيْتُ لَيْسَ بِسُمُوِّ الْكَلاَمِ أَوِ الْحِكْمَةِ مُنَادِياً لَكُمْ بِشَهَادَةِ اللهِ، لأَنِّي لَمْ أَعْزِمْ أَنْ أَعْرِفَ شَيْئاً بَيْنَكُمْ إِلاَّ يَسُوعَ الْمَسِيحَ وَإِيَّاهُ مَصْلُوباً.»

ثانياً: لم يكن الصليب محور تركيز بولس في عظاته وحسب، وإنما

كان الصليب حقيقةً اختبرها بولس في حياته الخاصة كما كتب في (غلاطية ٦ : ١٤) :

« وَأَمَّا مِنْ جِهَتِي، فَحَاشَا لِي أَنْ أَفْتَخِرَ إِلاَّ بِصَلِيبِ رَبِّنَا يَسُوعَ الْمَسِيحِ، الَّذِي بِهِ قَدْ صُلِبَ الْعَالَمُ لِي وَأَنَا لِلْعَالَمِ.»

أنجب بولس أولاداً روحيين في كورنثوس لأن رسالته ركزت على الصليب ولأن الصليب لمع في حياته، حيث أخضع طموحه الشخصي وذاته إلى عملية صلبٍ للذات.

إن رسالةً لا ترتكز على الصليب، وواعظاً لم يختبر صلب الذات، لا يمكنهما بأي حال من الأحوال إنجاب أطفال روحيين كالذين ولدهم بولس في كورنثوس.

بولس وسيلا وتيموثاوس

قدمت (١ تسالونيكي) بولس وسيلا وتيموثاوس كآباء روحيين، فقد كتب بولس لأهل تسالوينكي :

« أَنْتُمْ شُهُودٌ، وَاللهُ، كَيْفَ بِطَهَارَةٍ وَبِبِرٍّ وَبِلاَ لَوْمٍ كُنَّا بَيْنَكُمْ أَنْتُمُ الْمُؤْمِنِينَ. كَمَا تَعْلَمُونَ كَيْفَ كُنَّا نَعِظُ كُلَّ وَاحِدٍ مِنْكُمْ كَالأَبِ لأَوْلاَدِهِ، وَنُشَجِّعُكُمْ، وَنُشْهِدُكُمْ لِكَيْ تَسْلُكُوا كَمَا يَحِقُّ للهِ الَّذِي دَعَاكُمْ إِلَى مَلَكُوتِهِ وَمَجْدِهِ. » (١ تسالونيكي ٢ : ١٠ - ١٢) .

أكد بولس على جانبين أساسيين في سلوك كلٍّ من الثلاثة رجال، الأول مثاليتهم، فحياتهم الشخصية كانت بلا لوم، وثانياً كان لهم قلب الأب تجاه أهل كورنثوس، فقد وضعوا أمامهم أعلى المعايير، واستمروا يتحدون ويحثون تلاميذهم على تحقيق هذا المعيار، فكما يفتخر الأب الطبيعي بنجاح أولاده هكذا أيضاً كان هؤلاء الثلاثة رجال شغوفين برؤية تلاميذهم يتقدمون كمؤمنين مثمرين وناجحين.

ما هى الصفات؟

إن كنا سنلخص السمات الأساسية لشخصيات الرجال الذين ذكرناهم سابقاً، فسنصل إلى قائمة كهذه:

- إيمان غير متزعزع
- طاعة فورية كاملة
- رسالة ركزت على الصليب
- الصليب في حياتهم
- سلوك مسيحي بلا عيب
- عاطفة أبوية نحو المؤمنين

- **حماس واهتمام بنجاحهم الحقيقي**
- **أبوة عملية : تَبَنٍّ**

هناك نوع آخر من الأبوة يقع ما بين الأبوة الطبيعية الجسدية والأبوة الروحية، أعني به التبني الفعلي سواء القانوني أو الواقعي لأطفال آباؤهم لا يستطيعون الاهتمام بهم أو لن يهتموا بهم.

في هذا المجال أُذَكِّرُ نفسي باستمرار بالتعريف الذي يقدمه يعقوب عن نوعية الديانة التي يقبلها الله:

«اَلدِّيَانَةُ الطَّاهِرَةُ النَّقِيَّةُ عِنْدَ اللهِ الآبِ هِيَ هَذِهِ: افْتِقَادُ الْيَتَامَى وَالأَرَامِلِ فِي ضِيقَتِهِمْ، وَحِفْظُ الإِنْسَانِ نَفْسَهُ بِلاَ دَنَسٍ مِنَ الْعَالَمِ.»
(يعقوب ١ : ٢٧).

لاحظ التفرقة ما بين الديانة والخلاص، فالخلاص هو ما فعله الله لأجل الإنسان، والديانة هى ما يفعله الإنسان لله، فديانتنا هى استجابة لخلاص الله.

مؤخراً وجدت ذهني يعاود الرجوع باستمرار لتلك الآية في رسالة يعقوب، وأشعر أن ملايين المؤمنين بالكتاب المقدس كأنهم لم يسمعوا أبداً ما يقوله يعقوب في تلك الآية، ففي وصفه لهذا

النشاط الديني الذي يرضي الله يبدأ بجانب إيجابي يشتمل على الأمور التي يتوقع الله منا أن نفعلها، فأول ما يتحدث عنه يعقوب هو زيارة الأرامل والأيتام أي الاهتمام بهم وتلبية طلباتهم، وفي النهاية ينتقل إلى الجانب السلبي الذي يحث فيه قُرّاءه على «حفظ الإنسان نفسه بلا دنس من العالم».

استمعت إلى عظات من خدام كثيرين لما يزيد عن خمسين عاماً، وسمعت العديد من الرسائل التي تنادي بالحاجة إلى أن يحفظ الإنسان نفسه بلا دنس من العالم، ولا أتذكر أني سمعت عظة عن ضرورة رعاية الأرامل والأيتام.

مع ذلك فهناك تأكيد مستمر في كل الكتاب المقدس على مسئوليتنا في رعاية الأيتام والأرامل في كل من العهد القديم والجديد، وعندما حللت رسالة أنبياء العهد القديم خلصت إلى أن هناك ثلاث خطايا أساسية تزعج الله، الأولى هي عبادة الأوثان، والثانية خطية الزنا، والثالثة الفشل في الاهتمام بالأيتام والأرامل، ويبدو لي أن الله يضعها جميعاً في نفس المستوى.

حقاً إن أول خطيتين هما خطايا تتعلق بالأفعال والخطية الثالثة

هى خطية إهمال ولكن هذا لا يجعلها أقل خطورة، فنحن مذنبون بسبب الأشياء الصالحة التي لم نفعلها تماماً مثلما نعتبر مذنبين عن الأشياء السيئة التي فعلناها.

بالتأكيد لم نفشل في الاهتمام بالأرامل والأيتام لعدم وجود الفرصة، لأن أعداد الأرامل والأيتام تتضاعف حول العالم، ففي وقت نشر هذا الكتاب هناك عدة ملايين من الأيتام المصابين بالإيدز في أوغندا وحدها، وهى دولة صغيرة نسبياً في قارة أفريقيا الواسعة، وعندما ينتشر وباء الإيدز في شبه القارة الهندية فسيكون الخطر أكثر رعباً منه في أفريقيا.

ربما يتبنى بعض المؤمنين الغربيين اتجاه: «هذه مشكلة الأمم المتخلفة غير المتحضرة، ولسنا مسئولين عنها».

لا أوافق على هذا، فأعتقد أنني حارس لأخي مهما كان لون جلده أو الدولة التي يحيا فيها، ولكن مع هذا فإن مشكلة الأرامل والأيتام ليست قاصرة على دول العالم النامي، فالمشكلة خطيرة بشكل مختلف في الدول الغربية. أشرت في الفصل الثاني عشر إلى أننا نواجه ملايين متزايدة من الشباب الذين بلا آباء، أطفال دخلوا في السبي لأن آباءهم فشلوا في القيام بمسئولياتهم، ومن خلال تعريف

القاموس لهؤلاء الأطفال فربما هم ليسوا أيتاماً بالمعنى الحرفي ولكن لهم نفس احتياجات الأيتام.

إن الانهيار المتزايد للأسرة في الغرب ينتج عنه المزيد والمزيد من الأمهات والآباء الذين يتولون مسئولية أولادهم بمفردهم دون وجود الطرف الآخر، وفي معظم الأحوال تقع هذه المسئولية على الأمهات لا الآباء. ففي بعض الأحيان يعتقد الناس أن المصاعب هي نتيجة لسلوكهم الخاطئ، وهذا صحيح فبعض الأطفال تم الحمل بهم خارج إطار الزواج، ولكن في أي موضع من الإنجيل يمنعنا يسوع من أن نظهر الرحمة للخطاة؟ والأكثر من هذا فإن من يعانون أكثر هم الأطفال الذين بلا آباء، وهم من لم يخطئوا، بالإضافة إلى هذا فإن جموع غفيرة من النساء هن أمهات يقمن برعاية أطفالهن دون وجود الآباء وهن لم يرتكبن خطأ بأنفسهن، فهن متزوجات من الناحية القانونية ويحملن طفلاً أو أكثر لأزواجهن ثم يهجرهن أزواجهن دون سبب.

مع ذلك لا تهتم الكنيسة المعاصرة إلا قليلاً بالعدد الكبير من هؤلاء الأمهات اللائي يربين أطفالهن بمفردهن دون وجود

الشريك الآخر ، أعتقد أن الله سيقول لنا مثلما قال لإسرائيل في أيام إشعياء :

«اغْتَسِلُوا. تَنَقُّوا. اعْزِلُوا شَرَّ أَفْعَالِكُمْ مِنْ أَمَامِ عَيْنَيَّ. كُفُّوا عَنْ فِعْلِ الشَّرِّ. تَعَلَّمُوا فِعْلَ الْخَيْرِ. اطْلُبُوا الْحَقَّ. انْصِفُوا الْمَظْلُومَ. اقْضُوا لِلْيَتِيمِ. حَامُوا عَنِ الأَرْمَلَةِ.» (إشعياء ١ : ١٦ - ١٧).

قد لا يوافق بعض المؤمنين المعاصرين على أن تلك الكلمات تنطبق عليهم ولكن كما قلت فإننا مذنبون بسبب الأشياء الجيدة التي لم نفعلها تماماً مثلما نحن مذنبون بسبب الأشياء الشريرة التي فعلناها ، فيجب أن نتذكر أيضاً أن الشعب الذين يخاطبهم إشعياء شعب متدين جداً وأن الله قد قال لهم لتوه :

«لاَ تَعُودُوا تَأْتُونَ بِتَقْدِمَةٍ بَاطِلَةٍ. الْبَخُورُ هُوَ مَكْرُهَةٌ لِي. رَأْسُ الشَّهْرِ وَالسَّبْتُ وَنِدَاءُ الْمَحْفَلِ. لَسْتُ أُطِيقُ الإِثْمَ وَالاعْتِكَافَ.»

(إشعياء ١ : ١٣).

ينطق يسوع في (لوقا ٦ : ٤٦) بتهمة مماثلة ضد المتدينين في أيامه ، فلم يوبخهم على ما يفعلونه ولكن على ما لم يفعلونه :

« وَلِمَاذَا تَدْعُونَنِي: يَا رَبُّ يَا رَبُّ، وَأَنْتُمْ لاَ تَفْعَلُونَ مَا أَقُولُهُ؟»

ينتقد كثيرون في مجتمعنا الغربي اليوم المسيحية حيث يعتبرونها أموراً ورثناها عن أجيال سابقة ولا تمت بصلة لهذا الجيل، ويشعرون أنه لا يوجد ما تقدمه المسيحية من حلول للمشكلات التي نواجهها اليوم، ولا يتأثر مثل هؤلاء الناس بالعظات ولكنهم يريدون أن يروا الإنجيل يثمر نتائج إيجابية وعملية.

من بين المساهمات الموضوعية والمرئية التي يمكن أن تقدمها الكنيسة اليوم هي الإظهار العملي للأبوة في هذه الأشكال المختلفة التي ذكرتها، يدرك الكثير من الشباب في مجتمعنا اليوم أن هناك شيئاً ما مفقود في حياتهم، ويبحثون عنه في أماكن مختلفة مثل الكحول والمخدرات، والعصابات والسحر والفلسفات والديانات وفي ألعاب الكمبيوتر العنيفة.

ولكنهم يبحثون فعلياً عن أب على الرغم من أنهم لا يدركون هذا.

الفصل السادس عشر

أين الآباء الروحيون ؟

في آخر عقدين من القرن العشرين، قام مبشران مشهوران على مستوى العالم بعمل دراسة إستطلاعية على من تجاوب مع وعظهم في المؤتمرات الضخمة التي عقدها، وتم تسجيلهم على أساس أنهم عرفوا المسيح، احتاج الأمر لكثير من المساعدين ومبالغ ضخمة من المال في الدعاية وفي تنظيم حملات التبشير ومتابعة هؤلاء الذين عرفوا المسيح حديثاً، ويمكن أن يقال أن الأمر انطوى على كثير من الجهد والمال، ومع ذلك كانت تحليلاتهم مقتصدة، استنتج أحد هذين المبشرين أن خمسة بالمائة ممن عرفوا المسيح من خلال حملاته التبشيرية هم مُؤمنون مُكرسون والمبشر الآخر كانت نسبة المكرسين بين مَن عرفوا المسيح من خلاله ثلاثة بالمائة فقط.

دعني أؤكد على أن هذه النتائج لم يتم التوصل إليها من خلال وكالة علمانية يمكن أن نتهمها بالإنحياز ضد الكرازة، ففي كلا الحالتين تمت عمليات المسح من خلال منظمة المبشر، ويجب

أن أؤكد أيضاً على أنني لا انتقد أياً من المبشرين، فهم رجال ذو استقامة عالية ممن اعتبرهم إخوتي في الرب.

لكن يجب أن نتساءل: ماذا سيكون رد الفعل في العالم العلماني لو أن مشروعاً تجارياً لم يحقق عائداً سوى خمسة بالمائة أو أقل من إجمالي رأس المال الذي استثمر فيه؟ بالتأكيد سيكون مصير هذا المشروع هو الإفلاس، هل سيكون من العدالة استنتاج أن الكنيسة المعاصرة كما تمثلها تلك الإحصاءات مفلسة روحياً؟

لا يمكن أن تعزى تلك النتائج لأي عيب في رسالة الكرازة التبشيرية، لأن تلك الرسالة تؤكد على أهمية الولادة الجديدة وقد انطوت على عرض واضح تماماً للخلاص، ربما كانت هناك نقطة واحدة في العهد الجديد لم تعطها هذه الرسالة حقها من التركيز وهى موقف الله الصارم من الخطية، ولكن هذا في حد ذاته ليس السبب الرئيسي وراء الافتقار إلى الثمار التي تدوم.

أعتقد أن السبب الرئيسي وراء تلك النتائج المحبطة يكمن في حالة الكنيسة المعاصرة ككل، ففي إحدى المرات التي خدمت فيها كراعٍ تم تسجيلي كمرشد روحي للمؤمنين الجدد في حملة كرازية كبيرة في المنطقة التي أعيش فيها والتي كانت قد أعلنت أنها حققت نتائج

مذهلة، لم تكن مسئوليتنا كمرشدين هى مجرد الحديث مع هؤلاء الذين لديهم تساؤلات في الاجتماعات ولكن كانت الحفاظ على الاتصال المباشر بكل شخص قدمنا له مشورة من خلال المكالمات التليفونية أو الخطابات أو دعوة لمقابلته في مكان ما.

من جانبي قدمت المشورة لاثنين وعشرين شخصاً وقد سجلت أسماءهم بعناية، وفي النهاية وبعد استخدام كل وسيلة ممكنة للمتابعة توصلت إلى أن شخصين فقط قد أصبحا مؤمنين مكرسين، وأصبح كل منهما عضواً في كنيستي، وكلاهما تقدم ليكون مؤمناً مثمراً ثابتاً.

ما السبب وراء نجاح هذين الشخصين؟ بالتأكيد ليس لأنني أرعى رعية كبيرة وضخمة، فعدد الأعضاء في ذلك الوقت لم يتعد الخمسين شخصاً! حتماً توصلت إلى أن العامل الحاسم هو أني قدمت لكلٍّ منهما نوعاً ما من الأبوة الروحية.

فيما يتعلق بالعشرين الآخرين الذين قدمت لهم المشورة، توصلت إلى أنهم لم يصبحوا مؤمنين مكرسين بسبب عدم ارتباطهم بأي كنيسة أو ارتباطهم بكنيسة لم تقدم لهم الأبوة الروحية، وقد

علق أحدهم على مثل هذا الموقف قائلاً: ليس من المنطقي أن تضع كتكوتاً حياً تحت دجاجة ميتة.

المسيحية أم الكنيسة؟

مضى عشرون قرناً منذ أن أعطى المسيح للرسل الأوائل الدعوة العظمى وأرسلهم، وفي أثناء ذلك حدث تغير هائل في العالم المسيحي، وهو تغير مضى دون أن يلحظه أحد، فقد استبدلنا الكنيسة بالمسيحية، فالكنيسة تنتج أعضاءً في الكنيسة، أما المسيحية فتنتج تلاميذ، والكنيسة تتطلب خضوعاً والمسيحية تتطلب تكريساً، إن الغالبية العظمى من المؤمنين اليوم لا يدركون أنهم ابتعدوا عن النموذج الأصلي والمعيار الذي رسمه الإنجيل، فقد شكلوا مفهومهم عن المسيحية من خلال ما رأوه في الكنيسة المعاصرة.

عندما أرسل يسوع رسله الأوائل، كانت توجيهاته لهم بكل وضوح:

« **فَاذْهَبُوا وَتَلْمِذُوا جَمِيعَ الأُمَمِ**» (متى ٢٨ : ١٩).

كان قد أعطاهم تعريفاً واضحاً عن ما ينطوي عليه كونهم تلاميذه:

«وَكَانَ جُمُوعٌ كَثِيرَةٌ سَائِرِينَ مَعَهُ، فَالْتَفَتَ وَقَالَ لَهُمْ: «إِنْ كَانَ أَحَدٌ يَأْتِي إِلَيَّ وَلاَ يُبْغِضُ أَبَاهُ وَأُمَّهُ وَامْرَأَتَهُ وَأَوْلاَدَهُ وَإِخْوَتَهُ وَأَخَوَاتِهِ، حَتَّى نَفْسَهُ أَيْضًا، فَلاَ يَقْدِرُ أَنْ يَكُونَ لِي تِلْمِيذًا. وَمَنْ لاَ يَحْمِلُ صَلِيبَهُ وَيَأْتِي وَرَائِي فَلاَ يَقْدِرُ أَنْ يَكُونَ لِي تِلْمِيذًا.»

(لوقا ١٤ : ٢٥ - ٢٧).

تعمد هذه الآية إلى المقارنة بين نوعين من البشر ، الجموع الغفيرة الذين ساروا معه من ناحية والأفراد الذين تبعوه من ناحية أخرى. **تشعر الكنيسة بالرضا تجاه الجموع الغفيرة التي تسيروراء يسوع، ولكن تركز المسيحية في المقام الأول على كل شخص ممن تبعوا يسوع، فهى تهتم بأن تخرج أتباعاً مكرسين ليسوع لا مجرد أناس يتبعون يسوع من مكان لآخر.**

من خلال خبرتي في مجال المشورة والتي شرحتها كما سبق، وكذلك من خلال ظروف كثيرة مشابهة وجدت نفسي مقتنعاً بأن **الأمر يحتاج إلى أبوة روحية لكي تحول المؤمنين الجدد إلى مؤمنين مكرسين**، إن تلك النوعية من التحول النادر لا تتم إلاَّ بمعرفة يسوع المسيح التي ترتقي إلى مستوى روحي أعلى من تلك الكنيسة التي

يذهب أو تذهب إليها، فحيثما لا توجد أبوة روحية فعالة، سيظل أغلب المؤمنين الجدد أيتاماً روحياً ولن يكونوا أعضاء مثمرين وناضجين في عائلة الله.

في الفصل الثاني عشر الذي يحمل عنوان «عندما يفشل الآباء» تناولت الأحوال السائدة بين الشباب الذي لم يجدوا أبوة سليمة، والذين يحتاجون إلى التأديب، ويحتاجون إلى التركيز، والمعرضين لكل أنواع الخداع والإغواء الشيطاني، وفي رأيي أن الأحوال في الكنيسة المعاصرة تتوازى مع تلك التي في العالم، فالشباب الذين يقولون أنهم حصلوا على الخلاص لديهم نفس الاحتياج إلى التركيز مثل نظرائهم في العالم، فهم مدفوعون خلف كل صيحة للموضة في الحديث والملابس والترفيه حتى في العبادة، فيرى هؤلاء الشباب أن العبادة هي أحد أشكال التعبير عن الذات بطريقة دينية، ونادراً ما يرونها على أنها مقابلة شخصية مع الله القدوس المهوب، فهم يفتقدون أمرين هما: الاستقرار، والهدف المحدد الذي يسعون إلى تحقيقه، وهناك ثلاث سمات تجمع بين كل شباب هذا الجيل سواء من المؤمنين أو غير المؤمنين.

موت الأمل:

هم مصابون بالإحباط تجاه وضع المجتمع وحالة كوكب الأرض والحاجة إلى العدالة الاجتماعية ودعم الأعضاء الأضعف في المجتمع، فيشعرون أن الأجيال السابقة قد أحبطتهم، وأورثتهم مشكلات لا يجدون لها حلول.

بصفتي واحداً ممن ينتمون إلى الجيل السابق يجب أن أعترف أن الشباب محقون، فقد أورثناهم ثقافة ومجتمعاً هو نتاج لخطايانا المختلفة، مثل الطمع والأنانية وعدم المبالاة بالضعفاء والذين بلا عائل. على الرغم من إدعائنا أننا مؤمنون إلا أننا فشلنا في إتمام أول واجباتنا «الديانة الطاهرة النقية» في الاهتمام بالأرامل والأيتام، إذا **تحدثنا إلى الأجيال القادمة عن مبادئ الإيمان المسيحي فسيجيبون قائلين: «مارسوا أولاً ما تعظون به، وسنستمع لما تقولونه».**

البحث عن الذهب النقي

الصفة الثانية التي تميز شباب اليوم هي أنهم يبحثون عما هو حقيقي، فإن قدمنا لهم ذهباً فسيأخذون سكيناً محاولين خدش الذهب لرؤية ما تحت السطح هل هو ذهب خالص؟ أم أن الأمر مجرد سبيكة من المعدن مغطاة بقشرة من الذهب.

تعد كنيسة لادوكية المذكورة في سفر الرؤيا الإصحاحين الثاني والثالث هى الأقرب للكنيسة المعاصرة، فنسمع صوت يسوع يقول لهذه الكنيسة: «**أُشِيرُ عَلَيْكَ أَنْ تَشْتَرِيَ مِنِّي ذَهَباً مُصَفًى بِالْنَّارِ لِكَيْ تَسْتَغْنِي**» (رؤيا ٣ : ١٨)، هناك ذهب كثير في الكنيسة المعاصرة لم تمتحنه النار، فكثيراً ما نُلقي العظات المنمقة ولكن عندما تأتي النيران عليها لا يثبت الذهب أمام الاختبار.

استجابة جذرية

أما العلامة الثالثة التي تميز الشباب اليوم فهى أنهم راديكاليون، فهم لا يبحثون عن إجابات سهلة وسطحية، ولا ينبهرون بالنظام الموضوع أو التقاليد الموجودة منذ زمن بعيد، فبالنسبة لهم لا يوجد شئ مقدس، فلو أن الشجرة تؤتي ثمراً فاسداً أو لا تحمل ثمراً فببساطة سيصيحون قائلين: «اقطعوها» فحالهم عبارة عن صرخة مكتومة يائسة تريد أن ترى الأبوة واقعاً ملموساً.

قوة في الضعف

عند هذه المرحلة يمكنني أن أسمع أحدهم يقول: «ولكن المعايير التي عرضتها عن الآباء الروحيين هى معايير سامية للغاية، فلا

يمكنني أن أكون إبراهيم أو بولس».

حقاً إن معايير الله سامية، وهو لا يقلل منها أبداً، ولكن هناك شئ آخر حقيقي، هو أن نعمة الله كافية دائماً، فلكل مهمة يحددها الله لنا يعطينا النعمة اللازمة لكي ننجزها.

ذكر الكتاب المقدس كلاً من إبراهيم وبولس لا كمعايير علينا أن نحققها ولكن كقدوة علينا أن نتبعها، ففي (رومية ٤ : ١٢) قال بولس أننا سنكون أولاد إبراهيم حين «نسلك في خطوات إيمان». بمعنى آخر خطا إبراهيم في طريق الإيمان وكل المؤمنين مدعوون للسير في نفس الطريق.

وقد لاحظنا بالفعل تشجيع بولس «**كُونُوا مُتَمَثِّلِينَ بِي كَمَا أَنَا أَيْضاً بِالْمَسِيحِ**» (١كورنثوس ١١ : ١)، إن كانت نعمة الله قد غيرت شاول الذي كان يضطهد المسيحيين من قبل، حتى أصبح متمثلاً بالمسيح إذن فنعمة الله أيضاً يمكنها أن تجعلك متمثلاً ببولس، ذكر الرسول بولس في (١تيموثاوس ١ : ١٦) أن هذا هو الغرض الأساسي الذي لأجله خلص:

«**لكِنَّنِي لِهذَا رُحِمْتُ: لِيُظْهِرَ يَسُوعُ الْمَسِيحُ فِيَّ أَنَا أَوَّلاً كُلَّ أَنَاة، مِثَالاً لِلْعَتِيدِينَ أَنْ يُؤْمِنُوا بِهِ لِلْحَيَاةِ الأَبَدِيَّةِ**»

يمكننا أن نعبر عن هذا بكلمات بسيطة للغاية فبولس يريد أن يقول : «**إن كان الله قد غيرني، فيمكنه أن يغير أي شخص آخر**»

تذكر أيضاً أنه كان لكل من بولس وإبراهيم لحظات ضعف، وقد ارتكب إبراهيم أخطاء جسيمة، ففي مرحلة ما يأس من أن يكون له ابن ووارث من زوجته سارة فحاول أن يأتي بابن من جارية سارة، وفيما بعد أراد أن يحمي حياته فأخبر أبيمالك ملك جرار أن سارة أخته وسمح له أن يأخذها مع نسائه، ولكن تدخل الله بشكل خارق للطبيعة وأنقذ سارة من أن تكون إحدى زوجات أبيمالك (أنظر تكوين ٢٠).

مع ذلك لم ييأس الله أبداً من إبراهيم، وبنعمة الله وصل إبراهيم إلى الصورة التي كان الله يريدها.

كان لبولس أيضاً لحظات ضعف عظيمة، فقد قال بولس عن نفسه وعن رفاقه في (٢كورنثوس ١ : ٨ - ٩) :

«**فَإِنَّنَا لاَ نُرِيدُ أَنْ تَجْهَلُوا أَيُّهَا الإِخْوَةُ مِنْ جِهَةِ ضِيقَتِنَا الَّتِي أَصَابَتْنَا فِي أَسِيَّا، أَنَّنَا تَثَقَّلْنَا جِدًّا فَوْقَ الطَّاقَةِ، حَتَّى أَيِسْنَا مِنَ الْحَيَاةِ أَيْضًا. لكِنْ كَانَ لَنَا فِي أَنْفُسِنَا حُكْمُ الْمَوْتِ، لِكَيْ لاَ نَكُونَ مُتَّكِلِينَ عَلَى أَنْفُسِنَا بَلْ عَلَى اللهِ الَّذِي يُقِيمُ الأَمْوَاتَ**»

أين الأباء الروحيون ؟

سمح الله لبولس أن يصل إلى مرحلة من الضعف الكامل حيث لم يعد قادراً على أن يثق في نفسه، ولكن في الله الذي يقدر أن يقيم من الموت.

فيما بعد في نفس الرسالة حكى بولس كيف تعلم أن قوة الله تجعلنا كاملين في ضعفنا، وأخيراً توصل إلى تلك الخلاصة:

«**لأَنِّي حِينَمَا أَنَا ضَعِيفٌ فَحِينَئِذٍ أَنَا قَوِيٌّ.**»

(٢كورنثوس ١٢ : ١٠).

حقاً إن كلا من إبراهيم وبولس هما مثالان للآباء الروحيين، ولكنهما لم يصبحا آباء روحيين إلا بعد وصولهما إلى نهاية قدراتهما ومن ثم اعتمدا على نعمة الله الفائقة للطبيعة، وما زال يمكننا أن نفعل اليوم نفس الشئ، **فلا يمكن أن يصبح الرجال آباء روحيين إلا عندما يتجاوبون مع تلك الرغبة التي يضعها الله بنفسه في قلوبهم وعندما يدركون أنهم استنفذوا كل مصادرهم ثم يعتمدون بالكامل على مساندة الله لهم.**

قال يسوع لبطرس وأندراوس في (متى ٤ : ١٩) «**هَلُمَّ وَرَائِي فَأَجْعَلُكُمَا صَيَّادَيِ النَّاسِ**»، ونفس هذا المبدأ صحيح اليوم، فالمهم في

حياتنا ليس حالتنا ولكن ما يمكن ليسوع أن يصنعه بنا إن اتبعناه.

هل ترى شباباً من حولك يحيون حياة غير مستقرة وبلا هدف ويصرخون بصوت مكتوم طلباً للمساعدة؟ هل أدركت أنهم يحتاجون إلى أب روحي؟ هل تشتاق لمساعدتهم؟ عليك أن تفهم أن الله نفسه هو الذي وضع تلك الرغبة في قلبك، فهو يريدك أن تكون أباً روحياً.

بمجرد أن تدرك أن هذه هي خطة الله لك، لن تهتم بالنظر إلى نفسك وحالتك، ولكن المهم هو ما يمكن لله أن يصنعه بك، وبمجرد أن تسلم نفسك بالتمام له، يمكنك أن تعلن لله ببساطة وبأسلوبك الخاص أنك تخضع له، وهو سيكمل كل شيء!

الفصل السابع عشر
كلمة للأيتام

كما قرأت في الفصول السابقة ربما تكون قد أدركت أنك لم تعرف أباً بتلك الصورة التي رسمتها، لو كان الأمر كذلك فدعني أؤكد لك أن هناك ملايين مثلك.

فلكل منا أب بيولوجي بالطبع وهو المصدر الطبيعي للحياة، ولكن هذا لا يعني بأي شكل من الأشكال أن لنا أباً بمثل تلك الصورة التي يرسمها لنا الكتاب المقدس أو كمثل التي سعيت أن أرسمها في هذا الكتاب، ففي الواقع نادراً ما نجد آباء ينطبق عليهم هذا الوصف في عالم اليوم.

إن لم يكن لك مثل هذا الأب فهناك جزء خالٍ في أعماقك، فراغ لا يملؤه شئ، ربما يكون عميقاً للغاية وقد يكون موجوداً منذ فترة طويلة، وربما لا تشعر بوجوده، ولكن هذا الفراغ موجود ونتيجة لذلك أنت لا تشعر بالاكتمال.

لا أقول إنك بالضرورة يجب أن يكون لك أب كامل، ففي الحقيقة

لا يوجد سوى أب كامل واحد وهو الله الآب في السماء، ولكن الأب الأرضي الذي يتبع الكتاب المقدس قد يسد في داخلك هذا الفراغ رغم كونه إنساناً غير كامل بالطبع، ونتيجة لهذا فأنت لست يتيماً إذ تعلم من خلال خبرتك الشخصية معنى وجود الأب.

ولكن كما قلت هناك ملايين لا يعرفون.

هل سيساعدك أن تعرف اختباري الشخصي؟ أبي مثل أي رجل آخر عرفته، كان ضابطاً في الجيش البريطاني، كان إنساناً أميناً وعلى خلق ويؤدي واجباته كضابطٍ ناجح، وقد ولدت في الهند لأن أبي كان يخدم في الجيش البريطاني في الهند وولدت في مدينة بانجالور.

عندما وُلدت قال الطبيب لأمي، أن عليها ألا تتوقع مزيداً من الأطفال، وهذا معناه أني سأحيا دون إخوة أو أخوات، وبالتالي رأى أبواي أن أفضل طريقة لتعويض هذا النقص هو أن يتعامل أبي معي كأخ أكبر أكثر من كونه أباً، فمن الواضح أنهما اعتقدا أن الأهم بالنسبة لي أن يكون لي أخ عن أن يكون لي أب، وكانت النتيجة أني لم أناده أبداً ببابا أو دادي، ولكن كنت أناديه باسمه الأول بيتر، لا أشك في محبته لي، ولكنه لم يظهر لي أي عواطف دافئة، ولا أتذكر أنه حملني على ركبتيه أو دللني.

أثناء الحرب العالمية الثانية وعندما كنت في الخامسة والعشرين من عمري تقابلت مقابلة شخصية مع يسوع المسيح في غرفتي في أحد معسكرات الجيش البريطاني، ونتيجة لهذا أصبحت مؤمناً مكرساً للرب، وقد كشف لي هذا الاختبار حقيقية القوى الروحية التي لم أكن أدركها أبداً من قبل.

قد أدركت بصفة خاصة أن الهند وهي محل ميلادي عبارة عن دوامة من القوى الروحية القوية الشريرة، وكان عندي انطباع بأن القوى الروحية التي من الهند ظلت تتبعني طوال حياتي تريد أن تتسلط علي، ولكنها لم تنجح أبداً ومع ذلك لم أشعر بأنني حر تماماً من تأثيرها، فقبلما أصبح مؤمناً مكرساً كنت فعلياً أتأمل في اليوجا.

عرفت بعدما درست الكتاب المقدس كمؤمن أنه من خلال الولادة الجديدة أصبح الله أبي، وقد قدمت فيما بعد سلسلة عظات مكونة من ثلاث رسائل على شرائط كاسيت بعنوان «اعرف الله كأب»، وقد أخبرني كثيرون أن تلك الرسائل قد ساعدتهم، ومع ذلك ورغم أنني لم أكن أعرف ذلك إلا أنها كانت مجرد عظات نظرية، فقد فهمت هذا التعليم بوضوح، ومع ذلك لم أعرف الله كأب فعلاً ولم أدرك هذا الأمر الذي كنت افتقده بشدة في حياتي.

إعلان شخصي

في عام ١٩٩٦ بعدما احتفلت بالعام الخمسين على تفرغي للخدمة تدخل الله في حياتي، ففي صباح أحد الأيام جلست وروث على السرير، وصلينا معاً كما نفعل دائماً وعندها لمستني قوة خارقة للطبيعة، ووجدت نفسي ساحة لمعركة بين قوتين روحيتين متضادتين.

وجدت ذراعاً غير مرئية ممدودة خلفي تحمل شيئاً مثل قبعة تسعى أن تضغط بها على رأسي لكي أرتديها، وفي ذات الوقت تحركت قوة الروح القدس في جسدي وبدأت من قدمي منتقلة إلى أعلى جسدي، واهتز جسدي بشدة، وأخبرتني روث فيما بعد أن جلد وجهي تحول إلى اللون الأحمر، وكان لدي انطباع أن هناك قوتين روحيتين تتصارعان مع بعضهما البعض، فقد كانت قوة الروح القدس تنتقل في داخلي لأعلى لتعمل ضد الذراع التي كانت فوقي محاولة أن تضع تلك القبعة فوق رأسي.

نجح الروح القدس، فقد دفع تلك الذراع التي تمسك بالقبعة بعيداً فاختفت، وفي ذات الوقت استحوذ الروح القدس على جسدي بالكامل، وانتابني شعور عجيب بالراحة والسلام.

فجأة وبدون أي تدخل ملموس ومحسوس للعقل والمنطق أدركت

لأول مرة في حياتي العلاقة الحميمة المباشرة مع الله كأب ولم يعد هذا الأمر مجرد نظرية ولكنه اختبار فعلي للعلاقة الشخصية.

فيما أتأمل في هذا الاختبار، استنتجت أن تلك الذراع التي كانت ممسكة بالقبعة كانت إظهاراً لشيفا أحد آلهة الهندوس الأساسية (والتي هى بالتأكيد ليست آلهة ولكنها قوى شيطانية شريرة في السماويات).

تأكد لي هذا الإدراك بطريقة ملحوظة خلال السنيتين التاليتين عندما وقع في يدي بالصدفة وصف للآلهة الرئيسية في الديانة الهندوسية، وقد رسمت شيفا كقوة روحية تأتي على الشخص وتغلق رأسه عن الحقائق الموجودة في عالم السماويات، وهذا بالتأكيد ما كانت الذراع الممدودة تحاول أن تفعله بي، كم أنا ممتن لأنه في وقت المشكلة أتى الروح القدس ليعينني ويطرد القوة الشريرة التي كانت تسعى للسيطرة عليّ. منذ هذا الاختبار في عام ١٩٩٦ أصبحت علاقتي بالله كأب أقوى وأعمق.

علاقة جديدة

كان لتلك العلاقة الجديدة أثر مستمر وعميق على حياتي، فقد خدمت المسيح بأقصى طاقتي لأكثر من خمسين عاماً ومنحني الله

خلالها المزيد من الثمر في خدمتي، ولكن بالدخول في تلك العلاقة الجديدة مع الله كأب اختبرت العلاقة الحميمة مع الله ودرجة من الشعور بالأمان لم اختبرهما من قبل.

لم تعفني تلك العلاقة الجديدة من التجارب التي أتت على حياتي المسيحية ولكنها مكنتني من التعامل مع تلك التجارب بمقدار أعظم من القوة والثقة الداخلية، والأكثر من هذا أن تجاربي لم تقف حائلاً بيني وبين الله ولكنها تقربني منه أكثر.

وبعد مضي ثلاث سنوات على هذا الاختبار الذي وصفته تحملت أكثر الاختبارات ألماً في حياتي الروحية، فبعد مضي أكثر من شهر في العناية المركزة أخذ الله زوجتي الغالية روث لتكون معه في السماء، ولا يمكنني أن أصف شعوري بالخسارة، ومع ذلك ففي وسط كل هذا لم أفقد للحظة إدراكي لحضور الله المحب معي.

في أثناء خدمة الدفن وفيما أنظر إلى التابوت الذي يحوي جثة روث في القبر، شعرت بأني مدفوع لكي أبكي بصوت مرتفع في حضور كل المعزين: «أبي أثق فيك، وأشكرك لأنك كنت عطوفاً ومحباً وعادلاً وأنت لا تخطئ أبداً، فما تفعله هو الأفضل دائماً»

مكنتني معرفتي الحميمة بالله كأب من النطق بهذا الاعتراف،

كان هناك كثير من الحضور الذين أخبروني فيما بعد كيف كيف كان لذلك تأثيرٌ قويٌ عليهم.

ولكني لا أريدك أن تتصور أنه لكي تعرف الله بطريقة شخصية كأب يجب أن تمر بنفس الاختبار، فالله يتعامل معنا جميعاً كأفراد، ولا توجد خطوات محددة يجب أن نتبعها، ولكن هناك مبادئ كتابية يجب أن تطبق على حياة الجميع.

وضع يسوع في (متى ١١ : ٢٧) المبادئ التي يجب أن نطبقها أولاً لكي نعرفه كابن الله ثم نعرفه كالله كأب له:

« كُلُّ شَيْءٍ قَدْ دُفِعَ إِلَيَّ مِنْ أَبِي، وَلَيْسَ أَحَدٌ يَعْرِفُ الاِبْنَ إِلاَّ الآبُ، وَلاَ أَحَدٌ يَعْرِفُ الآبَ إِلاَّ الاِبْنُ وَمَنْ أَرَادَ الاِبْنُ أَنْ يُعْلِنَ لَهُ. »

يعمل الآب والابن معاً في تجانس، أولاً يعلن الآب الابن، هذه هي الخطوة الأولى لأنه من خلال الابن فقط يمكننا أن نعرف الآب، وفي (يوحنا ١٤ : ٦) يقول يسوع: « أَنَا هُوَ الطَّرِيقُ وَالْحَقُّ وَالْحَيَاةُ. لَيْسَ أَحَدٌ يَأْتِي إِلَى الآبِ إِلاَّ بِي. » وبعد هذا تأتي الخطوة الثانية عندما يعلن يسوع الآب ولكن بناء على تمييز إراداته القادرة على كل شئ. يؤكد يسوع على أن إعلان الآب لا يعطى إلا لهؤلاء « كُلُّ شَيْءٍ قَدْ دُفِعَ إِلَيَّ مِنْ أَبِي، وَلَيْسَ أَحَدٌ يَعْرِفُ

الابْنَ إِلاَّ الآبُ، وَلاَ أَحَدٌ يَعْرِفُ الآبَ إِلاَّ الابْنُ وَمَنْ أَرَادَ الابْنُ أَنْ يُعْلِنَ لَهُ.» (متى ١١ : ٢٧) :

يتحدث يسوع هنا عن إعلان لا يمكن لسواه أن يعطيه، ومن المهم أن نلحظ الفرق بين معرفة الكتاب المقدس كتعليم وبين معرفته عن طريق الإعلان، فلأكثر من خمسين عاماً قبلت بكل أمانة تعليم أن الله أبي، ولكن الأمر كان مختلفاً تماماً عندما قبلته كإعلان شخصي مباشر.

الآب من خلال الابن

ربما تكون قد أدركت بعد قراءتك لهذا الكتاب أنك يتيم الأب، فلم تتمتع قط بالأبوة الحقيقية، والآن يوجد في داخلك اشتياق واحتياج حقيقي لأن يكون لك أب.

ربما من خلال ظروف ماضيك، حُرمت من أن يكون هناك أباً حقيقياً لك، ولهذا فلك كل الحق أن تشكر الله الآب السماوي الذي يمكنك أن تأتي لكي تعرفه، ولكن عليك أولاً أن تعرف يسوع كمخلص شخصي، تقبل من خلاله عطية الحياة الأبدية.

١. إقبل يسوع كمخلص

إن لم يكن لديك هذا التأكيد الكتابي فهذه أول خطوة

لكي تقبل يسوع كمخلص شخصي لك، وهذا ما يخبرنا به (يوحنا ١ : ١١ - ١٣) بكل وضوح.

« **إِلَى خَاصَّته جَاءَ، وَخَاصَّتُهُ لَمْ تَقْبَلْهُ. وَأَمَّا كُلُّ الَّذينَ قَبِلُوهُ فَأَعْطَاهُمْ سُلْطَاناً أَنْ يَصِيرُوا أَوْلاَدَ اللَّه، أَي الْمُؤْمِنُونَ بِاسْمِه. اَلَّذينَ وُلِدُوا لَيْسَ مِنْ دَمٍ، وَلاَ مِنْ مَشِيئَةِ جَسَدٍ، وَلاَ مِنْ مَشِيئَةِ رَجُلٍ، بَلْ مِنَ اللَّه.**»

عند هذه المرحلة يمكنك إن أردت أن تصلي صلاة بسيطة مثل هذه:

> «**يا رب يسوع المسيح اعترف بأنك ابن الله، وبأنك أنت هو الطريق الوحيد لله، وأؤمن أنك مت على الصليب لكي تدفع عقوبة خطاياي وأنك قمت من بين الأموات، وأطلب منك الآن أن تغفر كل خطاياي، وأقبلك بالإيمان مخلصاً شخصياً، ادخل قلبي وأعطني عطية الحياة الأبدية. آمين**»

عندما تصلي هذه الصلاة بإيمان بسيط فإن الله سوف يعطيك التأكيد الداخلي على أنه قبلك كابن له، يخبرنا الرسول يوحنا في رسالة (يوحنا الأولى ٥ : ١٠) « **مَنْ يُؤْمِنُ بِابْنِ الله فَعِنْدَهُ الشَّهَادَةُ فِي نَفْسِهِ. مَنْ لاَ يُصَدِّقُ الله فَقَدْ جَعَلَهُ كَاذِباً، لأَنَّهُ لَمْ يُؤْمِنْ بِالشَّهَادَةِ**

الَّتِي قَدْ شَهِدَ بِهَا اللهُ عَنِ ابْنِهِ. »، ومرة أخرى يخبرنا بولس في رومية ٨: ١٦ «**اَلرُّوحُ نَفْسُهُ أَيْضاً يَشْهَدُ لأَرْوَاحِنَا أَنَّنَا أَوْلاَدُ اللهِ.**»

اشكر الله بالإيمان على أنه قبلك وأنك أصبحت ابنه، وكلما شكرت الله أصبح الأمر حقيقياً أكثر بالنسبة لك أنك ابن لله، فسيشهد الروح القدس لروحك بهذا.

٢. اقترب من الله كأب

الآن أصبح يسوع هو الباب الذي من خلاله يمكنك بكل جرأة أن تقترب من الله، فأنت منفتح لكي تقبل إعلاناً شخصياً عن الله كأبيك السماوي والذي يمكن ليسوع فقط أن يعطيك إياه.

لقد شاركت بأني قد عشت كمؤمن مولود ثانية لأكثر من خمسين عاماً قبلما أدخل في علاقة شخصية مع الله بوصفه أبي، ولكني لا أقصد بأي حال من الأحوال أن أي مؤمن آخر عليه أن ينتظر كل هذه الفترة الطويلة، فالهدف الأساسي من وراء إعدادي لهذا الكتاب هو مساعدة المؤمنين على الدخول أسرع في أعماق هذا الإعلان.

إلا أننا جميعاً يجب أن نعتمد بالكامل على يسوع لكي يمنحنا هذا الإعلان. فقد قال مؤكداً:

« **كُلُّ شَيْءٍ قَدْ دُفِعَ إِلَيَّ مِنْ أَبِي، وَلَيْسَ أَحَدٌ يَعْرِفُ الابْنَ إِلاَّ الآبُ،**

وَلاَ أَحَدٌ يَعْرِفُ الآبَ إِلاَّ الابْنُ وَمَنْ أَرَادَ الابْنُ أَنْ يُعْلِنَ لَهُ.»
(متى ١١ : ٢٧) .

أنه أمر صحي لكل واحد منا أن يأتي لهذه المكانة حيث نعترف باتكالنا الكامل على الله.

تصور بعض التفسيرات المعاصرة للكتاب المقدس الله كما لو كان مجرد مصدر سماوي لاقتناء الثروة والممتلكات بطريقة سحرية، فعندما تضع العملات المناسبة ثم تضغط الزر الصحيح يخرج ما تطلبه في الحال، ولكن الله ليس هكذا، فالله هو الأب الذي يهذب أولاده ويضع معايير محددة لسلوكهم، ومن بين السلوكيات التي يتطلبها هو أن نضع أنفسنا أمامه :

«كَذَلِكَ أَيُّهَا الأَحْدَاثُ اخْضَعُوا لِلشُّيُوخِ، وَكُونُوا جَمِيعاً خَاضِعِينَ بَعْضُكُمْ لِبَعْضٍ، وَتَسَرْبَلُوا بِالتَّوَاضُعِ، لأَنَّ اللهَ يُقَاوِمُ الْمُسْتَكْبِرِينَ، وَأَمَّا الْمُتَوَاضِعُونَ فَيُعْطِيهِمْ نِعْمَةً.» (١ بطرس ٥ : ٥) .

وهناك درس آخر علينا أن نتعلمه ألا وهو أن ننتظر الرب، فالوقت المناسب لنا ليس بالضرورة هو الوقت المعين من قبل الله.

«وَأَمَّا مُنْتَظِرُو الرَّبِّ فَيُجَدِّدُونَ قُوَّةً. يَرْفَعُونَ أَجْنِحَةً كَالنُّسُورِ. يَرْكُضُونَ وَلاَ يَتْعَبُونَ، يَمْشُونَ وَلاَ يُعْيُونَ.» (إشعياء ٤٠ : ٣١) .

أكثر من مرة جلست لكي أحصي كل المواعيد التي يقدمها الكتاب المقدس لهؤلاء الذين يرغبون في انتظار الله، ولكن لم أنجح أبداً، فهي كثيرة جداً!

بالنسبة لي أعتقد أن الله حجب عني الإعلان حتى أصبحت مستعداً أن أقبله، وبالتأكيد عندما منحه لي قبلته ككنز يستحق الانتظار.

أسأل، أطلب، أقرع

ربما تكون قد قبلت بالفعل تلك المعرفة الشخصية الحميمة لله كأب والتي لا يعطيها إلا يسوع، وليس لي من سبيل لكي أعرف حالتك، وقد تكون حالتك كحالتي، فأنت تثق أنك مولود ثانية، وأنت تخدم الرب بكل أمانة بقدر معرفتك وقدرتك، ومع ذلك فهناك جوع في داخلك لشئ أعمق في الاختبار الحالي، أي لعلاقة عميقة حميمة وثابتة مع الله كأب.

أود أن أشجعك أن تتقدم للأمام للحصول على كل ما يذخره الله لك، اقض وقتاً في محضر يسوع، اكشف أمامه كل الأشواق العميقة التي في داخل قلبك، وكن مستعداً لكي يقودك في طرق لم تسر فيها من قبل، وسلم نفسك بدون أي تحفظات له.

وفي ذات الوقت لا تتسلى بتلك الأفكار المحفورة في داخلنا عن

كيف سيتقابل الله معك، ففي حالتي كان إعلان أبوة الله قد أتى من خلال اختبار قوي خارق للطبيعة، ولكن الله قد يتعامل معك بطريقة مختلفة تماماً، وربما تكون مثل إيليا على جبل حوريب منتظراً أن تسمع من الله (انظر ١ملوك ١٩: ١١-١٨).

أولاً كان هناك ثلاثة إظهارات لقوى خارقة للطبيعة ألا وهي الريح والزلزال والنار، ولكن الله لم يكن في أي منها، ثم تبعها «وَبَعْدَ الزَّلْزَلَةِ نَارٌ، وَلَمْ يَكُنِ الرَّبُّ فِي النَّارِ. وَبَعْدَ النَّارِ صَوْتٌ مُنْخَفِضٌ خَفِيفٌ.» (١٢). وتترجمها الترجمة الدولية الحديثة بأنها «همس رقيق»، فبهذه الطريقة الهادئة الوديعة أظهر الله نفسه لإيليا، ومع ذلك فعندما سمعه إيليا غطى وجهه بغطاء من الرهبة.

هناك مزيد من القوة في همس الله أكثر من تلك الريح القوية أو الزلزال أو النيران، قد تكون هذه هي الطريقة التي يتعامل بها الله معك.

على أية حال دعني أشجعك بكلمة مشورة من يسوع، ففي كل موقف كان شكل الفعل الذي يستخدمه يشير إلى أنه يتحدث عن فعل مستمر أو متكرر

«اِسْأَلُوا تُعْطَوْا. اطْلُبُوا تَجِدُوا. اقْرَعُوا يُفْتَحْ لَكُمْ.»

(متى ٧: ٧)

تذكر أنه سيعطى لك، وأنك ستجد، وأنه سيفتح لك.

ثم يضيف يسوع في الآية التالية كلمةً للتأكيد والتشجيع:

«**لأَنَّ كُلَّ مَنْ يَسْأَلُ يَأْخُذُ، وَمَنْ يَطْلُبُ يَجِدُ، وَمَنْ يَقْرَعُ يُفْتَحُ لَهُ.**»

تلك الكلمة هي للكل وهي لك أنت أيضاً.

قبلما أختم هذا الكتاب سأستعرض باختصار موضوعه الأساسي

إن أكثر الإعلانات إكتمالاً عن الله بين البشر تأتي من خلال مؤسسة الأسرة، فتعكس المحبة بين الزوج والزوجة العلاقة بين يسوع وكنيسته، فمحبة الأب لعائلته تعكس محبة الله نحو كل الخليقة، وهذه هي خطة الله للأسرة، أن تكون أفضل ما يتحيه الله للإنسان، ولكن من خلال رفض خطة الله للأسرة يصل البؤس الإنساني إلى أقصاه

هذه قضية يجب أن تحدد ثقافتنا المعاصرة كيف ستتعامل معها، وهي أيضاً مسألة يجب أن تقرر كفرد كيف ستتجاوب معها.

www.ingramcontent.com/pod-product-compliance
Lightning Source LLC
Chambersburg PA
CBHW061430040426
42450CB00007B/977
* 9 7 8 1 7 8 2 6 3 0 9 9 9 *